Pastoral da Sobriedade
Pronunciamentos da Igreja

Leitura Indicada

Amorexigente, 12ª ed.
David e Phyllis York

O caminho da sobriedade, 2ª ed.
Haroldo J. Rohm

Drogas – a busca de respostas
Helio e Marina Drumond

Escolha a felicidade: vida sem drogas
Juliana e Nilo Momm

Jovem & Droga
Luis Carlos Rocha

Só por hoje: Amorexigente, 2ª ed.
Beatriz Silva Ferreira

NILO MOMM
(ORGANIZADOR)

PASTORAL DA SOBRIEDADE
Pronunciamentos da Igreja

Edições Loyola

Diagramação
Ademir Pereira

Revisão
Cristina Peres

Edições Loyola
Rua 1822 nº 347 – Ipiranga
04216-000 São Paulo, SP
Caixa Postal 42.335 – 04218-970 – São Paulo, SP
✆ (11) 6914-1922
📠 (11) 6163-4275
Home page e vendas: www.loyola.com.br
Editorial: loyola@loyola.com.br
Vendas: vendas@loyola.com.br

Todos os direitos reservados. Nenhuma parte desta obra pode ser reproduzida ou transmitida por qualquer forma e/ou quaisquer meios (eletrônico ou mecânico, incluindo fotocópia e gravação) ou arquivada em qualquer sistema ou banco de dados sem permissão escrita da Editora.

ISBN: 85-15-01891-8

3ª edição: maio de 2005

© EDIÇÕES LOYOLA, São Paulo, Brasil, 1999

Sumário

Apresentação 7
Droga e alcoolismo contra a vida 9
A posição da Igreja é firme e continua clara: não
    legalizemos as drogas 15
Discurso do Santo Padre João Paulo II 23
A pastoral dos toxicodependentes 27
Exortação apostólica pós-sinodal *Ecclesia in America*
    do Santo Padre João Paulo II 33
Vida sim, drogas não 35
Família e toxicodependência: do desespero à esperança 39
A Igreja perante o problema das drogas 59
Fundamentação teológica para a Pastoral 69
Comunicado 73
Carta da Pastoral da Sobriedade 75
Conclusão 79

Apresentação

A toxicodependência e o alcoolismo frustram a pessoa justamente em sua própria capacidade de comunhão e de doação, como nos diz João Paulo II. Por isso, não podemos nos omitir da batalha contra a droga e em favor da vida.

O presente trabalho contém uma coletânea de pronunciamentos da Igreja Católica sobre a Pastoral da Sobriedade, da CNBB.

Após um primeiro pronunciamento do Santo Padre, o Papa João Paulo II, na Conferência Internacional do Pontifício Conselho para a Pastoral da Saúde, a CNBB, por meio do Setor de Juventude e Educação, convidou as Comunidades Terapêuticas Católicas Brasileiras para um primeiro encontro nacional.

Deste encontro, realizado em Lins (SP), em junho de 1997, surgiu a Pastoral de Prevenção e Recuperação em Dependência Química.

Após um pronunciamento de Dom Irineu Danelon na CNBB, num segundo encontro nacional, desta vez em Jaci (SP), em junho de 1998, foi eleita a Equipe Nacional responsável pela implantação da nova Pastoral.

Entre os dois encontros nacionais houve a Conferência *Solidários pela vida*, no Vaticano, resultado de negociações entre a Santa Sé e a Organização das Nações Unidas – ONU.

O presente documento reúne os pronunciamentos e posicionamentos relativos à nova Pastoral da Sobriedade da CNBB.

Esperamos contribuir para a divulgação dos fatos e auxiliar a levar a mensagem em favor dos dependentes, excluídos da sociedade pela droga, a todos os recantos do país.

Nilo Momm

DROGA E ALCOOLISMO CONTRA A VIDA

João Paulo II
Conferência Internacional do
Pontifício Conselho para a Pastoral da Saúde

Agradeço muito a possibilidade de estar presente, mais uma vez, à Conferência Internacional de estudo e de reflexão que o Pontifício Conselho para a Pastoral da Saúde promove anualmente, desde sua instituição, para chamar a atenção dos cristãos e, mais geralmente, de todos os homens de boa vontade, sobre questões centrais e sempre de grande atualidade, que dizem respeito à ciência médica, à ética e à pastoral da saúde.

Minha cordial saudação dirige-se, antes de mais nada, ao Senhor Cardeal Fiorenzo Angelini e a seus colaboradores, de quem é o mérito do presente encontro; e estende-se, ao mesmo tempo, aos ilustres convidados dos diversos países, aos cientistas, aos pesquisadores, aos médicos, aos sociólogos, aos teólogos que participam deste simpósio, dedicado a um problema específico que hoje em dia impõe-se com a máxima urgência à atenção da sociedade como um todo.

Droga e alcoolismo contra a vida: este é o assunto a que está dirigida vossa reflexão. Muito oportunamente isto é feito tendo como introdução a grave expressão paulina: *Contra spem in spem* (Rm 4,18), quase reivindicando para aqueles que, seguindo o exemplo do antigo patriarca Abraão, acreditam confiantemente nas promessas de Deus, o direito de nunca mais abandonar a esperança, mesmo quando, humanamente falando, ela poderia parecer vazia e inconsistente.

Toxicodependência e alcoolismo, pela intrínseca gravidade e pela devastadora extensão, são dois fenômenos que ameaçam o gênero humano, tirando de cada indivíduo, no ambiente familiar e no tecido da sociedade, as mais profundas razões da esperança que, para ser verdadeira, há de ser esperança na vida – esperança de vida.

Observando com mais atenção, de fato, é fácil descobrir uma dupla ligação entre esses fenômenos e o desespero. De um lado, na base do abuso de álcool e de entorpecentes – mesmo na dolorosa complexidade de causa e de situação –, há habitualmente um vazio existencial, devido à ausência de valores e à falta de autoconfiança, de confiança nos outros e na vida em geral. De outro, as dificuldades que existem para sair dessa situação, uma vez instaurada, agravam e ampliam a sensação de desespero; portanto, as vítimas, as próprias famílias e a comunidade ao redor são induzidas a um comportamento de resignação e de rendição.

Além disso, com o passar dos anos, o alcoolismo e a droga têm aumentado desmedidamente, e hoje em dia deparamos pragas sociais insidiosas e capilarmente difundidas no mundo todo, favorecidas por grandes interesses econômicos e, às vezes, também políticos.

Enquanto muitas vidas vêm sendo assim ceifadas, os poderosos senhores da droga entregam-se descaradamente ao luxo e ao desperdício.

Humanamente consideradas, pareceriam prevalecer as razões do desespero (*contra spem*), especialmente para as famílias que, sendo marcadas e diretamente atingidas pelo triste fenômeno, não se sentem suficientemente assistidas e protegidas.

Com grande afeto estou junto e participo de sua dor; gostaria de encontrá-las uma a uma, para entregar-lhes um pouco da consolação de Cristo (2Cor 1,5) e incitá-las a reagir contra o sentimento de abandono e contra a tentação do desânimo.

Muito freqüentemente, pensando nas vítimas da droga e do álcool – na maioria jovens, apesar de ser assustador o número de adultos que viram vítimas –, sou induzido a relembrar o homem da parábola evangélica que, assaltado pelos ladrões, foi roubado e deixado meio morto na margem da estrada de Jericó (Lc 10,29-37).

Elas também me parecem, de fato, pessoas "viajando", que saem em busca de algo em que acreditar para viver e, ao contrário, caem na teia dos mercadores da morte, que as abordam com a oferta de liberdades ilusórias e de falsas perspectivas de felicidade. São essas vítimas, homens e mulheres, que se encontram, infelizmente, roubadas em seus valores mais preciosos, profundamente feridas no corpo e no espírito, violadas no íntimo de sua própria consciência e ofendidas em sua dignidade. Assim, nessas situações, poderiam parecer fortes as razões que as levam a abandonar toda esperança (*contra spem*).

Mesmo cientes disso, vós e eu, todavia, queremos testemunhar que as razões para continuar a esperar existem e são muito mais fortes do que aquelas que falam o contrário (*contra spem in spem*). Ainda hoje, de fato, como na parábola evangélica, não faltam os bons samaritanos que, com o sacrifício pessoal e, às vezes, correndo eles mesmos os riscos, sabem "fazer-se próximos" de quem está em dificuldades. Por isso, às famílias tocadas pela provação, quero dizer: Não se desesperem! Ao contrário, rezem comigo, para que se multipliquem estes bons samaritanos que atuam na estrutura pública, bem como nos grupos de voluntariado, entre os cidadãos comuns e os responsáveis pelo povo, e que se forme assim uma frente compacta que se empenhe sempre mais não só na prevenção e na recuperação dos toxicodependentes, como também em denunciar e perseguir legalmente os traficantes da morte e em desbaratar as redes de desagregação moral e social.

Estamos, de fato, diante de um fenômeno cuja vastidão e proporções são terrificantes, não só pelo altíssimo número de vidas perdidas, como também pelo preocupante alastrar-se do contágio moral que há tempos vem apanhando crianças, como no caso – não incomum, infelizmente – de crianças obrigadas ao tráfico e a tornar-se, elas mesmas, consumidoras.

Renovo, portanto, o apelo apaixonado que fiz há alguns anos às várias instâncias públicas, nacionais e internacionais, para que dêem um basta à expansão do mercado de entorpecentes. Para isso é necessário que sejam, antes de mais nada, trazidos à luz os interesses de quem especula nesse mercado; sejam, pois, individualizados os instrumentos e os mecanismos dos quais se possa fazer uso; e se proceda, enfim, ao coordenado e eficaz desmantelamento integral daquelas populações que, para sua própria subsistência, dedicam-se à produção de tais substâncias.

Ao mesmo tempo, deve-se procurar promover redes integradas de serviços que operem para uma real prevenção do mal e sustentem a recuperação e a reinserção dos jovens em seu convívio social[1].

Existe, certamente, uma nítida diferença entre o recurso à droga e o recurso ao álcool: enquanto, de fato, o uso moderado da bebida não vai contra as proibições morais e só o abuso é condenado, o drogar-se, ao contrário, é sempre ilícito, porque comporta uma renúncia injustificada e irracional a pensar, a querer e a agir como pessoas livres.

Assim, mesmo o recurso a substâncias entorpecentes sob prescrição médica para aliviar, em casos bem determinados, sofrimentos físicos ou psíquicos, deve ater-se a critérios de muita prudência, para evitar perigosas formas de vício e de dependência. É dever das autoridades sanitárias, dos médicos, dos responsáveis pelos centros de pesquisa assumir o empenho para reduzir ao mínimo esses riscos por meio de medidas de prevenção e de informação.

Toxicodependência e alcoolismo são contra a vida. Não se pode falar de "liberdade de se drogar" nem de "direito à droga", porque o ser humano não tem o direito de prejudicar-se e não pode nem deve nunca abdicar da dignidade pessoal que vem de Deus.

Estes fenômenos – é necessário lembrar sempre – não só prejudicam o bem-estar físico e psíquico, como também frustram a pessoa justamente em sua habilidade de comunhão e de doação. Tudo isso é particularmente grave no caso de jovens. A idade deles é, de fato, a idade da abertura, a idade dos grandes ideais, a fase do amor sincero e desinteressado.

Aos jovens, então, quero dizer mais uma vez, com apaixonada solicitude: guardai-vos da tentação de certas experiências ilusórias e trágicas. Não vos entregueis a elas. Para que entrar em um beco sem saída? Para que renunciar à plena maturação dos vossos anos, aceitando uma velhice precoce? Para que estragar a vossa vida e as vossas energias, quando podeis encontrar uma feliz afirmação nos ideais da honestidade, do trabalho, do sacrifício, da pureza, do amor verdadeiro?

---

1. Discurso de 23 de setembro de 1989.

Eis o amor! Aos toxicodependentes, às vítimas do alcoolismo, às comunidades familiares e sociais, que tanto sofrem por causa desta enfermidade dos seus membros, a Igreja, em nome de Cristo, propõe como resposta e como alternativa a terapia do amor. Deus é amor, e "quem não ama permanece na morte" (1Jo 3,14). Mas quem ama saboreia a vida e permanece nela!

Não se combatem, queridos irmãos, os fenômenos da droga e do alcoolismo nem se pode conduzir uma eficaz ação para a recuperação das suas vítimas, se não se recuperarem preventivamente os valores humanos do amor e da vida, os únicos capazes, sobretudo se iluminados pela fé religiosa, de dar significado pleno à nossa existência.

Ao sentimento de indiferença que tão freqüentemente aflige os toxicodependentes, a sociedade não pode e não deve oferecer a própria indiferença nem se considerar absolvida simplesmente porque sustenta a ação de voluntários, que são, sim, insubstituíveis, mas por si só inevitavelmente insuficientes. Precisa de leis, precisa de estruturas, precisa de intervenções corajosas.

Como, pois, cabe à Igreja operar no plano moral e pedagógico, intervindo com grande sensibilidade neste setor específico, cabe também às instituições empenharem-se em uma política séria, criada para curar situações de mal-estar pessoal e social, entre as quais destacam-se a crise da família, princípio e fundamento da sociedade humana, o desemprego juvenil, a casa, os serviços sócio-sanitários, o sistema escolar. Essa campanha de prevenção, tratamento e recuperação tem um papel determinante na pesquisa interdisciplinar, à qual esta conferência justamente ofereceu contribuição tão relevante.

Ao regozijar-me com o empenho e os resultados desse profícuo colóquio científico, gostaria de dirigir um pensamento de viva apreciação ao numeroso grupo de jovens e adultos que participam de programas de recuperação e de toda iniciativa destinada a esse nobre fim. Assegurando-lhes a minha fervorosa prece e a minha sentida solidariedade, renovo-lhes o convite para ver a vida com confiança, acreditar na grandeza inestimável do destino do ser humano, que – gosto de repetir – é reflexo da própria imagem de Deus.

Em uma palavra, repito o convite para esperar contra toda esperança – *contra spem in spem* –, e o dirijo particularmente aos que, com admirável generosidade e com espírito cristão, aproximam-se dos irmãos necessitados de ajuda, porque sentem-se envolvidos e atropelados pelo dúplice e deplorável fenômeno.

A Igreja, que quer atuar – e é o seu próprio dever – na sociedade como o fermento evangélico, está e continuará sempre junto dos que enfrentam com responsável dedicação a praga social da droga e do alcoolismo, para encorajá-los e sustentá-los com a palavra e a graça de Cristo.

Ela é a luz que ilumina o homem e pode levá-lo ao conhecimento de uma existência mais madura e mais digna. Que a Virgem Santíssima acompanhe os esforços generosos de todos os que colocam suas energias neste árduo e corajoso serviço.

A eles, em auspício de ajuda sobrenatural, concedo de coração minha bênção.

Cidade do Vaticano, 25 de novembro de 1991.

A POSIÇÃO DA IGREJA É FIRME E CONTINUA CLARA: NÃO LEGALIZEMOS AS DROGAS

CARDEAL ANGELO SODANO

O "flagelo da droga"

A primeira coisa que salta aos olhos, quando nos aproximamos das repetidas intervenções pontificais sobre o assunto, é a grande atenção que o Santo Padre dedica à dramaticidade desse fenômeno. Com efeito, os termos vibrantes com que João Paulo II nos falava há alguns anos são: "Hoje o flagelo da droga torna-se perverso, em formas cruéis e dimensões impressionantes, superiores a muitas previsões. Episódios trágicos denotam que a crescente epidemia conhece as mais amplas ramificações, alimentada por um torpe mercado que se encrava em nações e continentes. As implicações veladas deste rio subterrâneo e suas conexões com a delinqüência e a prostituição são tais e tantas que constituem um dos principais fatores da decadência geral"[1].

No âmago dessas palavras estão os dados que vós, ilustres senhores, bem conheceis. É verdade que, no que tange às estatísticas, é difícil obter dados precisos diante da natureza amplamente clandestina do uso das drogas. Mas é opinião geral e fundada que o consumo de tóxicos vai se expandindo a olhos vistos.

O uso das drogas sintéticas apresenta a triste vantagem de estar mais ao alcance dos consumidores. Pelo fato de seu controle ser sempre mais difícil, pode-se fabricar um excedente de produção líci-

---

1. *Ensinamentos* de João Paulo II, VII, 2, 1984, p. 347.

ta, seguido de um desvio, ou da fabricação ilícita[2]. Temos ainda, em processo de avaliação, o Programa das Nações Unidas para o Controle Internacional das Drogas que afirma: para poder reduzir substancialmente o lucro dos traficantes, deveria ser interceptado ao menos 75% do tráfico internacional de droga. Mas este objetivo está longe de ser alcançado, e é por certo bem difícil, se pensarmos que o tráfico de cocaína e heroína é em grande parte controlado por organizações transnacionais, gerenciadas por grupos fortemente centralizados e com a cooperação de uma extensa gama de pessoas especializadas: de químicos a especialistas em comunicações e, na lavagem de dinheiro, de advogados a seguranças[3] etc.

Nos últimos vinte anos, como é notório, as organizações dos traficantes de droga estenderam os seus interesses a outras formas de atividades ilícitas, que elevaram os ganhos ao inverossímil e, conseqüentemente, os superpoderes desses criminosos sem escrúpulos.

Efeitos devastadores

Mas além das dimensões quantitativas dos fenômenos, a voz do Magistério está preocupada, nestes anos, em analisar sobretudo os efeitos devastadores que as drogas produzem não somente sobre a saúde e a própria consciência, mas também sobre a cultura e a mentalidade coletiva. Isto, na realidade, é, ao mesmo tempo, fruto e causa de uma grande degeneração ética e de uma crescente desagregação social que corrói o próprio tecido da moralidade, das relações internacionais, da convivência civil.

Nestes anos, pois, nos foram revelados sempre mais os danos físicos concomitantes e conseqüentes: da hepatite à tuberculose e à Aids. E é supérfluo recordar o contexto de violência, abuso sexual, comércio de armas, terrorismo, no qual o fenômeno prospera. E quem não sabe o quanto as relações familiares se tornam mais difíceis em função disso? Um peso particular recai sobre as mulheres, às vezes constrangidas à prostituição para sustentar o marido que se droga.

---

2. *United Nations International Drug Control Program, World Drug Report.* Oxford, University Press, 1997, p. 41.
3. Ibidem, p. 123.

A POSIÇÃO DA IGREJA É FIRME E CONTINUA CLARA: NÃO LEGALIZEMOS AS DROGAS

Lembremos quão significativa é a expressão usada por João Paulo II, quando define os traficantes de droga como "mercadores da morte"[4]. Uma morte que, se não é física, é, porém, sempre uma morte moral, uma morte da liberdade e da dignidade. A droga tende a "escravizar" a pessoa.

Relembrou o Papa, em sua visita pastoral à Colômbia, em 1996, referindo-se aos narcotraficantes: "Traficantes da liberdade de seus irmãos, que os fazem escravos com uma escravidão mais terrível do que a escravidão dos negros. Os mercadores de escravos impediam o exercício da liberdade. Os narcotraficantes reduzem suas vítimas à destruição da própria personalidade"[5].

Em vista desses efeitos, percebe-se por que o juízo moral, que a Igreja dá neste âmbito, é particularmente grave. Vai além da conta quantos são diretamente responsáveis pelo fenômeno, com a produção clandestina de drogas e o seu tráfico. Muitos também são indiretamente seus cúmplices. Mas o *Catecismo da Igreja Católica* recorda, também, àqueles que se drogam ou são tentados a fazê-lo, que o uso da droga, "excluídos os casos de prescrição estritamente terapêutica, constitui culpa grave"[6].

Evidentemente não se quer dar um juízo sobre a responsabilidade subjetiva, no momento em que tantos, uma vez iniciados nessa infernal dependência, tornam-se também, ao menos em parte, incapazes da escolha radical, necessária para libertar dessa penosa escravidão. Mas o princípio moral, recordado incessantemente, é não somente uma norma, como também a oferta de uma ajuda à consciência para que se adquira vigor e coerência.

A responsabilidade pública

Perante a enormidade do fenômeno e seus trágicos efeitos, não há dúvida de que a responsabilidade maior em enfrentá-lo e debelá-lo recai sobre as autoridades públicas. Este é um apelo que João Paulo II tem renovado muitas vezes, quer em âmbito nacional, quer

---

4. *Ensinamentos*, XIV, 2, 1991, p. 1250.
5. *Ensinamentos*, IX, 2, 1986, p. 197.
6. CCC 2291.

internacional, para que se responda ao desafio das drogas de maneira decisiva, adotando soluções que ponham um fim no infame tráfico. Um discurso bastante difícil também é dedicado às regiões em que o ilícito cultivo de plantas destinadas à produção de droga parece ser a única opção vantajosa para os agricultores. É claro que nestes casos é necessário provê-los de um trabalho substitutivo, "capaz de garantir aos operários e às suas famílias uma situação conforme sua dignidade de pessoas e de filhos de Deus"[7].

Mas este aspecto do problema não tira a responsabilidade da autoridade pública de assumir outras posturas necessárias. A Igreja, neste propósito, vê com certa apreensão o debate que, de algum tempo para cá, se registra entre os assim chamados "proibicionistas" e os "antiproibicionistas". É notório, de fato, que estes últimos agem de modo sempre mais vivaz e tentam promover a liberação e a legalização das drogas – ao menos das consideradas "legais" –, apoiando-se em argumentos de natureza diversa e fazendo alusão clara ao fato de que a política de proibições não só não resolveu o problema, como o agravou.

Por sua vez, aqueles que defendem a proibição rebatem que a ausência de sanção provocaria problemas ainda mais graves do que os já existentes, dando aos jovens um sinal equivocado e facilitando-lhes um primeiro passo que poderia depois levá-los às drogas mais pesadas. A legalização anda, assim, no sentido oposto da educação e da prevenção; comporta maiores riscos para a saúde e maiores custos à sociedade, e não conseguirá acabar com o mercado negro dos narcóticos nem diminuir a violência e a criminalidade. Um dos principais riscos será, no entanto, a irreversibilidade desta opção e a dificuldade de uma regulamentação.

Diante deste debate, a posição da Igreja é firme e clara. Não se quer negar, por certo, que o problema seja complexo, e que entre aqueles que sustentam a tese da legalização estão pessoas que, de boa fé, encaram o problema com seriedade e senso de responsabilidade. Mas a exposição dessas idéias é superficial e as razões que sustentam uma política adversa são mais convincentes.

Falando às comunidades terapêuticas, em 1984, João Paulo II disse a respeito deste assunto: "A droga é um mal e ao mal não se dá

---

7. Discurso aos membros da Conferência Episcopal da Bolívia, por ocasião da visita *ad limina*, 22 de abril de 1996, *L'Osservatore Romano*, 22 e 23 de abril de 1996.

trégua. A legalização, mesmo que parcial, mesmo sendo uma interpretação da índole da lei, não surtiu os efeitos previstos. Uma experiência muito comum nos oferece a confirmação disto. Prevenção, repressão, reabilitação: estes são os pontos centrais de um programa que, concebido e levado a efeito à luz da dignidade do homem, embasado na honesta relação entre os povos, terá o reconhecimento e o apoio da Igreja"[8].

Mais recentemente, o Conselho Pontifício para a Família, em uma reflexão sobre esse tema específico, exortou a se evitar simplificações e generalizações, "sobretudo a politização de uma questão que é profundamente humana e ética". A propósito, pois, da distinção entre droga "leve" e "pesada", observou: "Os produtos são de forças diversas, mas as questões de base permanecem as mesmas. É por este motivo que a distinção entre 'drogas pesadas' e 'drogas leves' conduz a uma conclusão cega. A toxicodependência não está na droga propriamente dita, mas nas razões que levam um indivíduo a drogar-se...

A legalização das drogas comporta o risco de produzir efeitos contrários aos esperados. Muito além da questão da legalização das drogas (...), são as razões que conduzem a consumir tal produto que se transformam em doença"[9].

As raízes ético-culturais do fenômeno

Estas considerações nos levam ao aspecto central do problema, para o qual converge de modo especial a atenção da Igreja: por que se drogar? É claro o fato de que, além de todos os condicionamentos de um mercado irresponsável e de todo esquema de criminalidade bem organizada, é sempre o indivíduo que, com a sua liberdade e responsabilidade, segue a senda perigosa das drogas e entra numa via sem retorno.

Por quê? A extensão do fenômeno *droga* faz pensar num mal-estar profundo, que toca a consciência, mas também o *ethos* coletivo, a cultura, as relações sociais. O Papa convida a olhar nessa direção.

---

8. *Ensinamentos*, VII, 2, 1984, p. 349.
9. *Liberação das drogas? Uma reflexão pastoral do Concílio Pontifício para a Família*. L'Osservatore Romano, 22 de maio de 1997.

Na raiz do problema da toxicodependência, ele observa: "Há um voto existencial solitário, devido à ausência de valores e a uma falta de confiança em si próprio, nos outros e na vida em geral"[10]. E ainda: "A droga é um voto interior de evasão e sufoca a essência do espírito muito antes da destruição física"[11]. Existe um nexo entre os males provocados pelo abuso de drogas e uma patologia do espírito, que leva uma pessoa a fugir de si mesma e a buscar a satisfação ilusória na fuga da realidade, a ponto de anular completamente o significado da própria existência.

Não se pode também negar que a toxicodependência esteja estreitamente ligada ao estado atual de uma sociedade permissiva, secularizada, na qual prevalecem o hedonismo, o individualismo, os pseudovalores, os falsos modelos. A *Familiaris Consortio* a considera conseqüência de uma sociedade despersonalizada e massificada, desumana e desumanizante[12].

É esse contexto doentio que envolve os sujeitos e a sociedade, onde se colocam aqueles que se drogam, segundo a expressão do Santo Padre, "como pessoas em 'viagem' que vão atrás de qualquer coisa na qual crer para viver; seguem, investem nos mercadores da morte que lhes acenam com a luz da liberdade ilusória e de falsas perspectivas de felicidade"[13]. Poderíamos quase dizer que essa grande "viagem", que faz os homens se aproximarem da droga, "é a perversão da aspiração humana ao infinito (...) a pseudomística de um mundo que não crê, mas que todavia não pode fugir da tensão da alma que aspira o paraíso"[14].

Uma estratégia adequada

Se este é o problema, é óbvio que não basta a "proibição", que também é necessária. "Este mal" – disse o Papa – "pede um novo empe-

---

10. *Ensinamentos*, XIV, 2, 1991, p. 1249.
11. *Ensinamentos*, XIII, 2, 1990, p. 1579.
12. *Ensinamentos*, IV, 2, 1981, p. 1087.
13. *Ensinamentos*, XIV, 2, 1991, p. 1250.
14. J. Ratzinger, *Svolta per l'Europa*, Paoline, 1992, p. 15.

nho de responsabilidade no interior das estruturas da vida civil e, em particular, mediante a proposta de modelos de vida alternativos"[15].

É a estratégia da prevenção, para a qual – sublinha João Paulo II – é necessário o concurso "de toda a sociedade: pais, escola, ambiente social, meios de comunicação social, organismos internacionais; um empenho para formar uma sociedade nova, com o rosto do homem; a educação para ser homem"[16]. Trata-se de desencadear um empenho global para propor, em cada nível de convivência, valores autênticos e, em particular, valores espirituais.

Mas para todos aqueles que já caíram na espiral das drogas, são necessários oportunos caminhos de cura e de reabilitação, que vão muito além do tratamento médico, porque, em muitos casos, apresenta-se todo um complexo de problemas que requerem a ajuda da psicoterapia, seja do sujeito individual, seja do próprio núcleo familiar, em conjunto, com um adequado sustento espiritual. As drogas substitutivas, às quais muitas vezes se recorre, não constituem terapia suficiente; esse é, na verdade, um modo velado de render-se ao problema. Só o empenho pessoal do indivíduo, sua vontade revigorada e sua capacidade de autodomínio podem assegurar o retorno do mundo alucinante dos narcóticos à normalidade. Mas para ajudar a pessoa neste difícil caminho, há que se criar, antes, a ajuda social. A família é, sem dúvida, a referência principal de cada ação de prevenção. É o que Sua Santidade sublinhou em várias ocasiões, sem, todavia, deixar de exprimir um vivo interesse pelo resguardo das comunidades terapêuticas, as quais, "centrando e tendo incansavelmente fixo o objetivo no 'valor do homem', mesmo na variedade de suas fisionomias, têm demonstrado ser uma boa fórmula"[17].

Um desafio para a Igreja

Nesse empenho geral, há uma questão em que a Igreja insiste de modo específico: ela se sente chamada para esta causa, não tanto

---

15. *Ensinamentos*, XII, 2, 1989, p. 637.
16. *Ensinamentos*, VII, 1, 1984, p. 1541.
17. *Ensinamentos*, VII, 2, 1984, p. 346.

como anunciadora do Evangelho, mas, principalmente, como "presença na humanidade". Àqueles que vivem o drama da toxicodependência, ela prega o anúncio do amor a Deus, que não deseja a morte, mas a conversão e a vida. A Igreja se põe à inteira disposição para, em conjunto, propor um itinerário de libertação que leve à descoberta ou à redescoberta da dignidade de homens e filhos de Deus.

É sobretudo com esse testemunho – que perpassa as várias formas de evangelização, de celebrações litúrgicas, de vida comunitária – que a Igreja presta o seu serviço de prevenção e de reabilitação para tantos quantos forem as vítimas das drogas. Devem se sentir particularmente empenhadas as famílias cristãs, as comunidades paroquiais, as instituições educativas. Espera-se ainda participação especial dos meios de comunicação social que servem, de diversas formas, à comunidade eclesial. Um especial e concreto testemunho deve ser dado pelas comunidades terapêuticas de inspiração cristã, cujos métodos, por conter uma legítima pluralidade, conservam sempre as características de adesão ao Evangelho e ao Magistério da Igreja.

O horizonte da esperança

Sob o patrocínio do atual Pontífice, quero dar um novo impulso ao empenho eclesial nesse setor, antes de oferecer elementos de reflexão e de proposta à sociedade inteira.

Sabemos bem que a complexidade do problema não autoriza nenhum otimismo ingênuo. Mas não devemos nos esquecer de que os motivos da esperança cristã não se apóiam tanto no empenho humano, mas antes, e sobretudo, na ajuda de Deus, que sabe multiplicar nossas energias. Desejo, portanto, que esta Convenção possa prosseguir, oferecendo uma grande contribuição a essa nobre causa.

Desejo concluir minha intervenção citando as palavras que o Papa proferiu no Discurso de Conclusão da VI Conferência Internacional sobre a Droga e o Álcool: "Todavia, nessa situação, podemos lembrar fortemente as razões que induzem a abandonar todas as esperanças. Porém, vós e eu, todavia, desejamos testemunhar que as razões para continuar a esperar são para nós e para o mundo muito mais fortes que o contrário".

Discurso do Santo Padre João Paulo II

Seminário Internacional sobre a Droga: *Solidários pela vida*
Vaticano, 9 a 11 de outubro de 1997

Caros Irmãos no Episcopado e no Sacerdócio,
Caros amigos,
Estou feliz em acolher-vos por ocasião do Seminário Internacional sobre a Droga. Agradeço a dom Javier Lozano Barragán, Presidente do Conselho Pontifício para a Pastoral dos Serviços da Saúde, por suas palavras de acolhida e pela organização desse encontro de trabalho. É particularmente oportuno refletir sobre a gravidade das questões abordadas pelo fenômeno das drogas e sobre a urgência de procurar ajuda entre os responsáveis políticos e econômicos, os educadores e as famílias provadas pelo drama da toxicomania.

Após vários anos, a Santa Sé tem a oportunidade de se manifestar a esse respeito, fazendo proposições pastorais, educativas e sociais. Infelizmente, constatamos que hoje o fenômeno atinge todos os meios e todas as regiões do mundo. Mais e mais crianças e adolescentes tornam-se consumidores desses produtos tóxicos e, freqüentemente, o motivo de uma primeira experiência acontece por leviandade ou por desafio. Os pais e os educadores se encontram desprovidos e desencorajados. Os médicos e os serviços sanitários e sociais encontram graves dificuldades quando procuram ajudar aqueles que vêm consultá-los para sair do círculo da droga. Devemos reconhecer que a repressão contra os usuários de produtos ilícitos não é suficiente para conter esse flagelo; com efeito, uma delinqüência comercial e financeira está organizada no plano internacional. O poder econômico ligado à produção e à comercialização desses produtos escapa, na maior parte do tempo, à lei e à justiça.

Não se pode ficar assombrado quando uma grande desordem e um sentimento de impotência invadem a sociedade. As opiniões correntes propõem legalizar a produção e o comércio de certas drogas. Algumas autoridades estão dispostas a isso e procuram simplesmente cercar o consumo da droga para tentar, então, controlar seus efeitos. Por isso, nas escolas, o uso de certas drogas se banaliza, favorecido por um discurso que tenta minimizar os perigos, especialmente graças à distinção entre drogas leves e drogas pesadas, o que leva a proposições de liberar o uso de certas substâncias.

Tal distinção negligencia e atenua os riscos inerentes a toda sorte de produto tóxico, em particular os que levam à dependência, por atuarem sobre as estruturas psíquicas, reduzindo a consciência do indivíduo e levando-o à alienação da vontade e da liberdade pessoais.

O fenômeno da droga é um mal de particular gravidade. Numerosos jovens e adultos são mortos ou vêm a morrer, enquanto outros se encontram diminuídos em seu íntimo e em suas capacidades. O recurso dos jovens à droga reveste-se de múltiplas significações. Nos momentos delicados de seu crescimento, a toxicomania deve ser considerada como o sintoma maligno da vida, pois dificulta ao jovem ocupar seu lugar na sociedade, gerando uma perda de sentido e fuga para uma vida ilusória e artificial. A juventude é uma época de experiências e de interrogações, de busca de um sentido para a existência e de escolha de caminho a seguir. O crescimento do mercado e do consumo de drogas mostra que estamos num mundo desesperançado, onde falta propósitos humanos e espirituais vigorosos. Desse modo, numerosos jovens pensam que todos os comportamentos são equivalentes, não conseguem diferenciar o bem do mal e perdem o senso dos limites morais.

Imagino, portanto, os esforços dos pais e educadores para inculcar valores espirituais e morais, no intuito de formar pessoas responsáveis. Fazem isso com coragem, mas não se sentem sempre animados, sobretudo quando a mídia difunde mensagens morais inaceitáveis, que servem de referências culturais ao conjunto dos países do mundo, elogiando, por exemplo, a multiplicidade de modelos familiares que destroem a imagem normal do casal e que depreciam os valores familiares, ou que consideram a violência, quando não a droga em si, como sinais de liberdade pessoal.

Discurso do Santo Padre João Paulo II

A perda do ideal e do engajamento na vida adulta que observamos nos jovens torna-os particularmente frágeis. Seguidamente, eles não são incitados a lutar por uma existência correta e bela, mas acabam por desenvolver a tendência de se fechar em si mesmos. Não sabemos mais minimizar o efeito devastador exercido pela desocupação de que são vítimas os jovens, em proporções indignas de uma sociedade que pretende respeitar a dignidade humana. Essas forças de morte levam-nos então a envolver-se com a droga, com a violência e chegar, às vezes, até o suicídio.

[...]

A luta contra o flagelo da toxicomania é ocupação de todos, cada um segundo a responsabilidade que lhe cabe. Exorto, portanto, os cônjuges a desenvolver relações conjugais e familiares estáveis, fundadas num amor único, durável e fiel. Criarão assim as melhores condições para uma vida serena, oferecendo a seus filhos a segurança afetiva e a confiança em si de que necessitam para seu crescimento espiritual e psicológico. Importa também que os pais, que têm a responsabilidade primeira por seus filhos, e, com eles, em conjunto com a comunidade adulta, tenham o cuidado constante da educação da juventude. Convido, pois, todos aqueles que têm um papel educativo a intensificar seus esforços com os jovens, os quais têm necessidade de formar sua consciência, para desenvolver sua vida interior e para criar com seus irmãos relações positivas e um diálogo construtivo; eles ajudarão esses jovens a se tornar atores livres e responsáveis de sua existência. Os jovens que têm uma personalidade estruturada, uma formação humana e moral sólida, e que vivem relações harmoniosas e confiantes com os colegas de sua idade e com os adultos, estão mais aptos a resistir às solicitações daqueles que propagam a droga.

Convido as autoridades civis, os responsáveis econômicos e todos aqueles que têm responsabilidade social a perseguir, a intensificar seus esforços, a fim de aperfeiçoar em todos os escalões a legislação de luta contra a toxicomania e a opor-se a todas as formas de cultura da droga e do tráfico, às fontes de riqueza escandalosamente adquirida, à exploração da fragilidade de pessoas indefesas. Encorajo o poder público, os pais, os educadores, os profissionais da saúde e as comunidades cristãs a se engajarem sempre mais e de maneira apropriada com os jovens e os adultos num trabalho de prevenção. Importa que uma informação médica sábia e precisa seja fornecida em particular aos jovens, salientando os efeitos perniciosos da droga, sobre os níveis somático, intelectual, psicológico, social e moral. Conheço o devotamento e a paciência incansável daqueles que atendem e acompanham as pessoas presas nas malhas da droga e suas famílias. Convido os pais que tenham um filho toxicômano a jamais se desesperar, a manter o diálogo com ele, a prodigalizar-lhe sua afeição e a favorecer seus contatos com estruturas capazes de assumir o encargo da cura. A atenção calorosa da família é o grande sustentáculo na luta interior para o sucesso da cura e da desintoxicação.

Saúdo o compromisso pastoral incansável e paciente de padres, religiosos, religiosas e leigos nos meandros da droga; eles apóiam os pais e se põem a acolher e a escutar os jovens, para perceber suas interrogações radicais, a fim de ajudá-los a sair da espiral da droga e a tornar-se adultos livres e honrados. A Igreja tem por missão transmitir a palavra do Evangelho que abre para a vida de Deus e de fazer descobrir o Cristo, Palavra de Vida, que oferece um caminho de crescimento humano e espiritual. A exemplo de seu Senhor e solidário com seus irmãos na humanidade, a Igreja vem em socorro dos menores e dos mais fracos, cuidando daqueles que estão feridos, fortalecendo aqueles que estão doentes, reforçando a promoção pessoal de cada um.

Ao término de nosso encontro, saúdo a missão que realiza o Conselho Pontifício para a Pastoral dos Serviços de Saúde, em tratar com cuidado os problemas humanos e espirituais impostos pela toxicomania e por todas as questões sanitárias e sociais, propondo solução para situações que ferem gravemente os homens nossos irmãos. [...]

Confio vossas pessoas e vossa ação à intercessão da Virgem Maria; imploro a ela pelos jovens que estão sob as garras da droga e por seus parentes. Que ela os envolva em sua solicitude maternal! Que ela guie os jovens do mundo por um caminho sempre mais harmonioso! Que o Espírito Santo vos acompanhe e vos dê a coragem necessária para essa obra em favor da juventude! A vós todos, a vossos colaboradores e aos membros de vossas famílias, concedo a Bênção apostólica.

A PASTORAL DOS TOXICODEPENDENTES

DOM IRINEU DANELON

Introdução

Com muita persistência, luto por um espaço na Assembléia da CNBB para tratar do gravíssimo problema das drogas. Julgo que seja esse fenômeno a maior conspiração contra a humanidade.

Foi oportuno aguardar por este momento, porque hoje venho como porta-voz dos participantes do 1º Encontro Nacional da Pastoral dos Dependentes Químicos, realizado em Lins, em junho de 1997, convocado pelo Setor da Juventude da CNBB.

No Sínodo da América, tive ocasião de articular um encontro de outros irmãos bispos de toda a América que partilham comigo dessa mesma preocupação. Ficamos felizes porque pudemos contar com a aprovação dos demais participantes do Sínodo, que entregaram oficialmente ao Papa várias propostas sobre o referido problema. Com certeza o texto final do Sínodo apresentará algo sobre a problemática das drogas.

Nesta Assembléia, conto com inúmeros irmãos sensibilizados e dispostos a desencadear um processo de luta contra essa manada de lobos que, diariamente, ataca nosso rebanho. Sabemos que o Bom Pastor não foge do lobo.

1. Em que consiste o problema?

A Comissão de Narcóticos das Nações Unidas, em seus relatórios anuais, registra o aumento crescente da produção e do consumo de drogas em todo o mundo. Estudos realizados recentemente comprovam que no mundo existem cerca de quarenta milhões de usuários dependentes e que há uma superprodução de drogas suficientes para 140 milhões de pessoas. Os traficantes estão operacionalizando um grande projeto de expansão do uso de drogas rumo ao novo milênio. E o mal está super bem-organizado.

No Brasil, além do aumento do número de usuários, temos uma preocupação adicional: a entrada, em idade cada vez mais precoce, de crianças no mundo das drogas. O Juiz da Infância e da Adolescência de Belo Horizonte, em junho de 1997, estimou que 92% das crianças de rua daquela cidade estavam usando crack. Em Campinas o índice é de 98%, segundo avaliação feita pela Associação Promocional Oração e Trabalho.

2. Algumas das conseqüências em cadeia

2.1. Narcoprodução e narcotráfico

A produção de drogas tem aumentado cerca de 200% ao ano: Colômbia, Bolívia, Peru, América Central e também o Brasil se transformaram em centros de produção, tráfico e exportação de drogas. Humildes camponeses não resistem à tentação de um cultivo tão rendoso. Crianças, jovens e desempregados são usados na produção e no tráfico. Segundo o Departamento Estadual de Investigação sobre Narcóticos (DENARC), há atualmente na Grande São Paulo 1,6 milhão de pessoas envolvidas com o tráfico. Cerca de 10% da população.

O comércio é altamente lucrativo. Na Colômbia, um quilo de cocaína custa US$ 2.100. No Brasil e no México, cerca de US$ 13.000. Em Miami, US$ 19.000. Na Europa, cerca de US$ 90.000. E, muitas vezes, de um quilo de "farinha pura" resultam 10 quilos misturados com ingredientes falsificados.

2.2. Lavagem de dinheiro

Calcula-se que os negócios do narcotráfico geram por anos, nos Estados Unidos US$ 50 bilhões. Esse dinheiro tem de ser introduzido no sistema financeiro legal e, para isso, tem seus caminhos. Os grupos interessados desenvolveram métodos complexos, que incluem a criação de empresas fantasmas e outras redes difíceis de serem detectadas, inclusive obras assistenciais fantasmas.

Conseqüentemente, provocam aumento dos preços dos bens imóveis, especulações financeiras e compras de grandes empresas que estão sendo privatizadas. As seitas do Norte encontram em suas filiais da América Latina outros tantos canais de evasão. As campanhas políticas são as mais instrumentalizadas.

2.3. Envolvimento na corrupção e impunidade

Chefes de polícia, fiscais de alfândega, funcionários da administração pública, deputados e até oficiais militares têm se envolvido na lavagem de dinheiro.

O mesmo se diga de homens de negócio e empresários. O narcotráfico e a lavagem de dinheiro corrompem a sociedade. Já dizia Heródoto que um burro carregado de ouro derruba qualquer muralha. Imagine um avião.

A impunidade da corrupção é outra triste realidade. Os produtores de droga estão fortemente armados, com ótimos sistemas de comunicação e contam com suficientes recursos logísticos. As testemunhas, os agentes de investigação, normalmente são assassinados.

2.4. Os efeitos das drogas

2.4.1. Entre os menores

Os narcotraficantes usam até crianças para transportar e vender drogas. O fenômeno é facilitado pelo subdesenvolvimento e pela urbanização descontrolada. Como foi observado, 92% dos menores de rua de Belo Horizonte fazem parte dessa estratégia.

2.4.2. Na juventude

Há uma série de tristes conseqüências para os jovens: desintegração psicológica, perda do sentido de vida, desorientação moral, prostituição, violência, suicídio, acidentes de trânsito, desagregação familiar, queda brusca de produtividade.

2.4.3. Na sociedade em geral

Aos poucos, introduz-se uma verdadeira ingovernabilidade. Bairros inteiros são tomados pelos traficantes. Imaginem que, só em São Paulo, o tráfico de drogas movimenta 15 milhões de reais por mês. Segundo o Ministério da Saúde, o Brasil tem um prejuízo anual de cerca de um bilhão de dólares com o consumo de drogas.

Corrupção, violência, seqüestros, roubos, gangues! Pobre terceiro milênio, será uma droga só. Até a imaginação encontra dificuldades para atingir os efeitos maléficos que fazem o próprio diabo duvidar.

3. A Igreja diante desta realidade

Nada de eficaz poderá ser feito sem uma tomada de consciência da gravidade da situação e uma articulação permanente de nossas forças. Como dissemos, o mal está muito bem articulado. Muitos irmãos já sentiram o apelo de Deus e deram respostas generosas. Temos o endereço de cerca de 160 casas espalhadas pelo Brasil que se dedicam à recuperação de dependentes químicos. Existem várias fraternidades e associações que se dedicam a essa nobre causa. Infelizmente, quase todas elas se desconhecem e não contam com o apoio oficial da CNBB.

4. Notícias e solicitações do Primeiro Encontro Nacional

Compareceram ao Primeiro Encontro, realizado em Lins, nos dias 4-7 de junho de 1997, representantes de 70 entidades, quase todas elas dedicadas à recuperação de dependentes químicos.

O Encontro se desenvolveu em torno de quatro questões:
a) O que há de comum entre nossas experiências?
b) O que há de diferente?

c) O que pode haver de novo?
d) Qual a mística que sustenta e anima este nosso trabalho?

O resultado mais prático está na elaboração de um subsídio com a preocupação preventiva, que contém roteiros para reuniões de grupos de jovens, utilizáveis também nas escolas. Está pronto e publicado.

Os participantes do Primeiro Encontro solicitam:
- que a CNBB articule a criação oficial da Pastoral dos Dependentes Químicos;
- que os Bispos apóiem a criação da referida pastoral em suas Dioceses;
- que a Igreja dedique uma de suas Campanhas da Fraternidade a essa problemática;
- que na 36ª e nas Assembléias seguintes haja um espaço reservado para firmar a Pastoral dos Dependentes;
- privilegiar o setor de prevenção, difundindo o uso do referido subsídio;
- criar uma Comissão de Bispos dispostos a aprofundar a temática.

Exortação Apostólica Pós-Sinodal
Ecclesia in America
do Santo Padre João Paulo II

O comércio e o consumo de drogas

24. O comércio, com o conseqüente consumo de substâncias entorpecentes, constitui uma séria ameaça às estruturas sociais das nações americanas. Isso "contribui para a criminalidade e a violência, para a destruição da vida familiar e da vida física e psicológica de muitos indivíduos e comunidades, sobretudo dos jovens. Além disso, corrói a dimensão ética do trabalho, favorecendo o aumento de pessoas reclusas em cárceres, numa palavra, o envilecimento da pessoa criada à imagem de Deus". Um comércio tão funesto como este causa, ademais, a "destruição de governos, corroendo a segurança econômica e a estabilidade das nações". Encontramo-nos aqui diante de um dos desafios mais urgentes que muitas nações no mundo devem enfrentar: é, de fato, um desafio que põe em causa grande parte das vantagens conseguidas nos últimos tempos pelo progresso da humanidade. Para algumas nações na América, a produção, o tráfico e o consumo de drogas constituem fatores que comprometem seu prestígio internacional, pois reduzem sua credibilidade e tornam mais difícil aquela auspiciada colaboração com outros países, tão necessária em nossos dias para o desenvolvimento harmônico de todos os povos.

O problema das drogas

61. Quanto ao grave problema do comércio das drogas, a Igreja na América pode colaborar eficazmente com os responsáveis das

Nações, os dirigentes de empresas privadas, as organizações não-governamentais e as instâncias internacionais para elaborar projetos destinados a eliminar tal comércio, que ameaça a integridade dos povos na América. Esta colaboração deve estender-se aos órgãos legislativos, apoiando as iniciativas que impedem a "reciclagem do dinheiro", favoreçam o controle dos bens dos que estão envolvidos neste tráfico e cuidam para que a produção e o comércio das substâncias químicas com que se obtêm as drogas se realizem de acordo com a lei. A urgência e a gravidade do problema tornam indispensável um apelo aos diversos ambientes e grupos da sociedade civil, a fim de unir-se na luta contra o comércio das drogas. No que diz respeito especificamente aos Bispos, é necessário – de acordo com uma sugestão dos Padres Sinodais – que eles próprios, como Pastores do Povo de Deus, denunciem com coragem e força o hedonismo, o materialismo e os estilos de vida que facilmente induzem à droga.

É necessário, também, levar em conta que se deve ajudar os agricultores pobres, para que não caiam na tentação do dinheiro fácil, conseguido com a cultivação de plantas para a obtenção das drogas. A este respeito, a FAO e os organismos internacionais podem oferecer uma preciosa colaboração aos governos nacionais favorecendo, com vários incentivos, as produções agrícolas alternativas. Seja estimulada também a obra daqueles que se esforçam por recuperar os que se drogam, dedicando uma atenção pastoral às vítimas da toxicodependência: é fundamental oferecer o justo "sentido da vida" às novas gerações que, sem ele, terminam freqüentemente caindo na espiral perversa dos entorpecentes. Este trabalho de reabilitação social também pode constituir um verdadeiro e próprio empenho de evangelização.

VIDA SIM, DROGAS NÃO

Dom Raymundo Damasceno Assis
Bispo Auxiliar de Brasília e Secretário-Geral da CNBB

"*Vida sim, drogas não*" é o lema da Campanha da Fraternidade aprovado pela Conferência Nacional dos Bispos do Brasil (CNBB) para o ano 2001.

O problema das drogas em toda a sua extensão, isto é, da produção ao consumo, é uma corrente de males de caráter pessoal e estrutural. É verdadeiro pecado que atenta contra a vida e a dignidade humana.

Deus fez boas todas as coisas e criou o homem à sua imagem e semelhança, livre e senhor responsável de toda a criação. Deus conferiu ao homem o domínio sobre a terra, mas impôs-lhe limites no uso da natureza. O homem não é, desta forma, o senhor absoluto da criação (Gn 1-3).

O pecado cindiu a amizade com Deus e introduziu o desequilíbrio no interior do próprio homem. Em conseqüência, o homem rompeu a solidariedade com o próximo e destruiu a harmonia com a natureza: é o que ocorre, por exemplo, quando ele faz mau uso das drogas. A coca é uma planta utilizada pelos indígenas com finalidade medicinal e em práticas religiosas. No entanto, a coca e ervas como a papoula e a maconha podem ser exploradas visando ao mal, quando são industrializadas e consumidas como droga, transformando seus usuários em vítimas irremediavelmente arruinadas física e psicologicamente.

É o dinheiro, o lucro, que movimenta o comércio das drogas: dinheiro fácil, que circula rápido e em grande quantidade. O traficante, seja ele o chefe do cartel ou da quadrilha, ou o distribuidor, é capaz de grandes riscos porque persegue lucro imediato, fácil e sobejamente compensador.

No mercado das drogas nada interessa além do lucro. Nele, o respeito pela vida e pela dignidade humana é conduta desprezível. A torpe estratégia desse mercado é aumentar a rede de consumidores, tornando-os cada vez mais dependentes e escravos do vício.

No mundo atual, as drogas encontram facilidade de circulação. Estão presentes por toda parte: nas sociedades subdesenvolvidas – em geral estruturalmente injustas e geradoras de exclusão social – e nas chamadas sociedades industrializadas, dominadas por uma mentalidade materialista e hedonista e caracterizadas por exacerbado consumismo, que costuma levar as pessoas a frustrações e estresse, freqüentemente enfrentados com o uso de drogas, em atitude de fuga e compensação.

Grandes impactos de natureza econômica e comportamental, sobretudo de ordem moral, são causados na sociedade e nos indivíduos pelo comércio e consumo de drogas. O Papa João Paulo II, considerando a situação das nações americanas, faz apropriada análise desse lema na Exortação Apostólica *Ecclesia in America*, publicada em janeiro do corrente ano: "O comércio, com o conseqüente consumo de substâncias entorpecentes, constitui uma séria ameaça às estruturas sociais das nações americanas. Isso contribui para a criminalidade e a violência, para a destruição da vida familiar e da vida física e psicológica de muitos indivíduos e comunidades, sobretudo dos jovens. Além disso, corrói a dimensão ética do trabalho, favorecendo o aumento de pessoas reclusas em cárceres, numa palavra, o envilecimento da pessoa criada à imagem de Deus". O Papa alerta, ainda, para o fato de que esse comércio causa também a destruição de governos, pois corrói a segurança econômica e a estabilidade das nações. Além disso, a produção, o tráfico e o consumo de drogas constituem fatores que comprometem até mesmo o prestígio internacional dos países, pois chegam a reduzir-lhes a credi-bilidade, tornando mais difícil a colaboração entre os povos.

E como se tudo isso não bastasse, os traficantes, em áreas carentes, chegam mesmo a ocupar o lugar do governo e passam a ser aceitos por cuidarem da assistência social da população. Isso é inadmissível!

Em verdade, o narcotráfico pode desvirtuar a economia de um país. Por causa dele, a prosperidade torna-se aparente, falaciosa e temporária, pois não é fruto da laboriosidade do povo. Além disso, há outros males, o maior deles é a corrupção da vida pessoal e social, com a subversão da ética e da moral. Outro malefício é a violência, já denunciada acima por João Paulo II. O tráfico de drogas quase nunca prescinde da violência. Se ele não se realiza por meio da corrupção ou se não é acobertado por uma legislação que o protege, recorre inevitavelmente à violência. Corrupção e violência podem chegar mesmo a invadir todos os segmentos sociais de uma nação, ameaçando a estabilidade de suas instituições democráticas e a própria soberania. A propósito, não são numerosos os casos conhecidos de nações que estão à mercê da produção e do tráfico de drogas?

A humanidade precisa resistir às drogas enquanto é tempo. Para quebrar o elo da grande corrente dos males causados pelas drogas são necessários maciços investimentos na repressão. Mas só isso não basta. É urgente também o investimento na área social: na educação integral da pessoa, na geração de empregos, na reforma agrária, no esporte, na formação moral das pessoas, principalmente os jovens. A estes, em especial, devemos mostrar os verdadeiros valores – aqueles que conferem sentido à vida humana –, bem como a natural existência dos limites de sua liberdade.

Na Exortação Apostólica *Ecclesia in America*, acima mencionada, o Papa João Paulo II apresenta um elenco de medidas a serem tomadas no combate ao comércio das drogas. Entre outras, cita a elaboração de leis para impedir a "reciclagem do dinheiro" e favorecer o controle dos bens de produtores e traficantes, além da ajuda que se deve dar aos agricultores pobres para que não caiam na tentação do dinheiro fácil oriundo do cultivo de plantas para obtenção de drogas. Em especial, o Papa conclama a Igreja na América a que dê a mais ampla colaboração no combate às drogas e à recuperação das vítimas da toxicodependência.

Temos de ser firmes e enérgicos na luta contra os entorpecentes. Somente uma sociedade que de maneira alguma tolera a impunidade é capaz de dar conteúdo convincente ao combate desse mal que, como já se alertou, atenta contra a verdadeira liberdade das pessoas e até mesmo contra a soberania das nações.

A Campanha da Fraternidade de 2001, ao pôr em pauta a questão das drogas, será uma interpelação da consciência pessoal e coletiva e um apelo à conversão, para que, diante do desafio dessa expressão da anticultura da morte, respondamos com a defesa e a promoção da vida, pois a Igreja tem a convicção de que a vida é o primeiro de todos os bens, em consonância com os ensinamentos e a missão de Jesus, que afirma: *"Eu vim para que todos tenham a vida e a tenham em abundância"* (Jo 10,10).

Drogas são geradoras de morte. Estão, em conseqüência, em desacordo com o projeto de Deus para a humanidade.

Vida sim, drogas não!

Família e toxicodependência:
do desespero à esperança

PONTIFÍCIO CONSELHO PARA A FAMÍLIA

Introdução

A dependência da droga tem sido considerada pelo Santo Padre, em diversas ocasiões, em sua solicitude pastoral. A designação do fenômeno da droga, como competência específica ao Pontifício Conselho para a Família, demonstra a atenção com que a Igreja vê tais problemáticas e suas funestas e dramáticas conseqüências para a vida da família e para o crescimento dos jovens.

No amplo e completo fenômeno da droga e da toxicodependência, não são poucos os temas sobre os quais se pode refletir. Escolhemos um de particular importância: a relação entre família e toxicodependência.

O tema da toxicodependência preocupa e atrai o interesse de várias instâncias sociais e pastorais. De 21 a 23 de novembro de 1991, por exemplo, o Pontifício Conselho para a Pastoral dos Agentes Sanitários convocou em Roma uma Conferência Internacional com o título específico de *"Contra spem in spem*: droga e álcool contra a vida", em que não faltaram contribuições de grande alcance das diversas facetas do fenômeno da droga e da família.

A reflexão que agora nos dispomos a apresentar é fruto do encontro de trabalho realizado durante os dias 20, 21 e 22 de junho de 1991. Foram examinados documentos, investigações e material diverso sobre este assunto. O encontro foi denominado "no ápice" tanto pelo número restrito de participantes, como pelo fato de se tratar de pessoas quase todas empenhadas no contato direto com os toxicodependentes.

Não é nossa intenção apresentar um tratado exaustivo do problema da droga (existem numerosos e sérios estudos a respeito). Queremos somente pôr em evidência alguns aspectos concernentes à nossa missão educativo-pastoral e participar, ainda, à opinião pública uma preocupação por muitos partilhada e uma esperança que anima a todos, agregando algumas considerações sobre a intervenção de muitos que, em nome de Igreja, trabalham ativamente no âmbito da toxicode-pendência.

Fomos convocados como peritos uma vez que, por meio de nossas diversas atividades e profissões, acompanhamos de perto, em uma experiência cotidiana e de modo contínuo, as vítimas de um grave flagelo, do qual o recurso à droga é somente sinal e sintoma.

Temos podido constatar em tantos casos que é a esperança valente de uma real libertação que tem nos animado como crentes e membros da Igreja a levar adiante, não obstante as dificuldades, este serviço em favor dos irmãos necessitados de solidariedade, de compreensão, de confiança e de ajuda.

Durante nosso encontro tivemos a alegria de saudar o Santo Padre João Paulo II, paternalmente acompanhando nossa ação pastoral, e de receber sua bênção apostólica. O sucessor de Pedro nos tem falado: tem definido este serviço como um caminho "do desespero à esperança". Não poderíamos ter encontrado uma expressão melhor! Por isso a tomamos como título, realista e alentador, de nosso trabalho.

1. O fenômeno da toxicodependência

Indicamos alguns aspectos de um fenômeno complexo e preocupante. De concreto, queremos nos referir agora aos seguintes pontos: a pessoa, a família, a sociedade.

1.1. A pessoa

A droga não é o problema principal do toxicodependente. O consumo de droga é apenas uma resposta falaz à falta de sentido positivo na vida. No centro da toxicodependência se encontra o homem, sujeito único e irrepetível, com sua interioridade e personalidade específica, objeto do amor do Pai que, em seu plano salvífico, chama cada um à sublime vocação de filho no Filho. Sem dúvida, a realização de tal vocação é – junto com a felicidade neste mundo – gravemente comprometida pelo uso da droga, porque ela, na pessoa humana, imagem de Deus (Gn 1,27), influi de modo deletério sobre a sensibilidade e o reto exercício do intelecto e da vontade.

Os jovens constituem grande número dos usuários de drogas, e a idade de aproximar-se do problema diminui sempre mais. Existe hoje, sem dúvida, também muitos adultos (35-44 anos) entre os consumidores de droga, o que constitui uma mudança importante neste campo. Existem ainda pessoas fortemente dependentes das substâncias entorpecentes e outras que fazem uso esporádico; pessoas marginalizadas, e outras aparentemente bem integradas na sociedade. Como é fácil deduzir, estamos diante de um conjunto complexo de um fenômeno diferenciado e articulado.

Os episódios de violência registrados entre os toxicodependentes indicam que não nos encontramos diante da enganosa e ilusória "viagem pacífica" de uma vez, promovida pela manipulação de massa da cultura juvenil dos anos 60, e sim diante de uma realidade violenta e da perda do caráter moral como efeito do uso da droga.

Os motivos pessoais que ocasionam o uso de substâncias entorpecentes são muitos. Porém, em todos os toxicodependentes, independente da idade e da freqüência com que as usam, constata-se um motivo constante e fundamental: a ausência de valores morais e de harmonia interior da pessoa. Em todo toxicodependente podem ser verificadas diversas combinações de acordo com as fragilidades pessoais que o tornam incapaz de viver uma vida normal. Cria-se nele um estado de desânimo e de indiferença que desencadeia um desequilíbrio interior moral e espiritual do qual resulta um caráter imaturo e débil que empurra a pessoa para assumir comportamentos instáveis diante das próprias responsabilidades.

De resto, a droga não entra na vida de uma pessoa como um raio com o céu sereno, mas como a semente põe raízes em um terreno preparado por muito tempo.

Há diferença entre o homem e a mulher toxicodependente. A mulher é ferida mais profundamente em sua identidade e dignidade de mulher, sobretudo se é mãe, e por isso as conseqüências negativas podem ser piores.

Quem usa drogas vive numa condição mental equiparada a uma adolescência interminável, como é indicado por alguns especialistas. Tal estado de imaturidade tem origem e se desenvolve no contexto de uma educação falha. A pessoa imatura provem com freqüência de famílias que, também independentemente da vontade dos pais, não conseguem transmitir valores, seja pela falta de adequada autoridade, seja porque vivem numa sociedade "passiva", com um estilo de vida consumista e permissivo, secularizado e sem ideais. Fundamentalmente, o toxicodependente é um "enfermo de amor"; não conheceu o amor; não sabe amar de maneira justa porque não tem sido amado de maneira justa.

A adolescência interminável, característica do toxicodependente, manifesta-se freqüentemente no temor do futuro ou na fuga de novas responsabilidades. O comportamento dos jovens é, muitas vezes, revelador de um doloroso descontentamento devido à falta de confiança e de expectativas em estruturas sociais nas quais já não se reconhecem. A quem atribuir a responsabilidade se muitos jovens parecem não desejar chegar a ser adultos e recusam crescer? Têm-lhes sido oferecidos motivos suficientes para esperar um amanhã, para investir no presente visando ao futuro, para manter-se firmes sentindo como próprias as raízes do passado? Por trás de comportamentos desconcertantes, freqüentemente aberrantes e inaceitáveis, pode-se perceber um raio de ideais e de esperança.

1.2. A família

Entre os fatores pessoais e ambientais que certamente favorecem o uso de drogas, a falta absoluta ou relativa da vida familiar é, sem dúvida, o principal, porque a família é elemento-chave na formação do caráter de uma pessoa e de suas atitudes perante a sociedade. Detenhamo-nos em alguns fatores de maior importância.

O toxicodependente freqüentemente vem de uma família que não sabe reagir ao estresse porque é instável, incompleta ou dividida. Hoje estão em preocupante crescimento as saídas negativas das crises matrimoniais e familiares: facilidade de separação e de divórcio, convivências, incapacidade de oferecer uma educação integral para fazer frente a problemas comuns, falta de diálogo etc. Podem preparar a escolha da droga, o silêncio, o medo de se comunicar, a competitividade, o consumismo, o estresse como resultado do trabalho excessivo, o egoísmo etc.; em síntese, a incapacidade de ministrar uma educação aberta e integral. Em muitos casos, os filhos se sentem incompreendidos e se encontram sem o apoio da família. Ademais, a fé e os valores do sofrimento, tão importantes para a maturidade, são apresentados como antivalores. Pais que não estão à altura de sua tarefa constituem uma verdadeira lacuna para a formação do caráter dos filhos.

E o que dizer de alguns comportamentos distorcidos ou desviados no campo sexual de certos núcleos familiares?

Em não poucos casos as famílias sofrem as conseqüências da toxicodependência dos filhos (por exemplo, violências, roubos etc.), porém sobretudo devem compartilhar as penas psicológicas ou físicas. A vergonha, as tensões e os conflitos interpessoais, os problemas econômicos e outras graves conseqüências pesam sobre a família, debilitando e quebrando a "célula fundamental" da sociedade.

Além da família de origem, tem que se levar em conta também a família que os toxicodependentes formam. Trata-se não raramente de casais em que ambos são dependentes. Muitos, mesmo sendo jovens, já são separados ou divorciados, outros vivem unidos de fato. Neste contexto adquirem importância os problemas dos filhos dos toxicodependentes, sobretudo sob o aspecto educativo, e também os problemas dos filhos de toxicodependentes já falecidos.

Merecem particular atenção as mulheres toxicodependentes grávidas: muitas são mães solteiras ou, de qualquer modo, abandonadas a si mesmas. Por desgraça, em vez de sair ao seu encontro com uma solidariedade concreta e assistência para que possam acolher e respeitar a vida do não-nascido, é-lhe proposto, como solução mais oportuna, o aborto.

1.3. A sociedade

A toxicodependência, tão amplamente difundida, é indicador do estado atual da sociedade. Hoje a pessoa e a família se encontram em uma sociedade "passiva", quer dizer, sem ideais, permissiva, secularizada, em que a busca de fugas se manifesta de muitos modos diversos, dos quais um é a fuga na toxicodependência.

Nossa época exalta uma liberdade que "não se vê positivamente como uma tensão para o bem... mas... como uma emancipação de todos os condicionamentos que impedem a cada um seguir sua própria razão" (Intervenção do Cardeal Joseph Ratzinger no Consistório dos cardeais sobre "As ameaças contra a vida", 4-7 de abril de 1991). Exalta-se o utilitarismo e o hedonismo, e com eles o individualismo e o egoísmo. A busca de um bem ilusório, sob a marca do máximo prazer, termina por privilegiar os mais fortes, criando na maioria dos cidadãos condições de frustração e de dependência. E, assim, a referência aos valores morais e a Deus mesmo são cancelados na sociedade e na relação entre os homens.

Tem-se firmado na sociedade atual um consumismo artificial, contrário à saúde e à dignidade do homem, que favorece a difusão da droga (*Centesimus annus*, 36). Tal consumismo, criando falsas necessidades, leva o homem, e em particular os jovens, a buscar satisfações somente nas coisas materiais, causando sua dependência. Ademais, uma certa exploração econômica dos jovens se difunde com facilidade, precisamente neste contexto materialista e consumista. Em diversas regiões, ainda, a falta de ocupação dos jovens favorece a difusão da toxicodependência.

A nenhum observador atento escapa que a sociedade atual favorece a promoção de um hedonismo desenfreado e um desordenado sentido da sexualidade. O exercício da sexualidade tem sido separado da comunhão conjugal e de sua intrínseca orientação procriativa, permanecendo em um superficial gozo ao qual, com freqüência, se subordina inclusive a dignidade das pessoas.

Em uma sociedade que busca a satisfação imediata e a própria comodidade a todo custo, na qual se está mais interessado em "ter" do que em "ser", não surpreende a cultura da morte que considera o aborto e a eutanásia como bens e direitos. Tem-se perdido o sentido da vida, e esvaziado a pessoa de sua dignidade, levando-a à frustração e ao caminho da autodestruição. Em uma sociedade assim descrita, a droga é uma fácil e imediata, porém mentirosa, resposta à necessidade humana de satisfação e de verdadeiro amor.

Hoje a família compartilha a tarefa da educação com várias outras instituições e agências educativas, porém falta entre elas, muitas vezes, a necessária união e coordenação. Disso resulta uma falta de clareza e de coerência entre os valores propostos. Essa incoerência na educação dos jovens é, em grande parte, responsável pelas crises de valores que geram confusão. De resto, são propostos aos jovens ideais não só desarticulados, mas contraditórios.

A comunicação de massa exerce um efeito geralmente negativo na mentalidade que favorece a difusão da toxicodependência, sobretudo no mundo juvenil. Com mensagens diretas e indiretas, e por meio da indústria do espetáculo para os jovens, criam modelos, propõem ídolos e definem a "normalidade" mediante um sistema de pseudovalores. Convém não esquecer também a violência cotidianamente administrada ao público por certos vídeos.

Alguns de nós, participantes do encontro, consideramos que existe o risco, por parte dos meios de comunicação de massa, de apresentar uma imagem do toxicodependente que induz somente a criminalizá-lo como o único culpado. Não se podem negar os talentos, a inteligência e outras capacidades de muitos jovens toxicodependentes; e convém tê-las em conta para qualquer iniciativa de recuperação.

A responsabilidade do Estado tem sido subtraída naquilo que concerne à organização dos meios de comunicação, e ainda, em geral, do completo sistema legal que tutela os cidadãos da ameaça proveniente da distribuição e do consumo da droga.

Falando de responsabilidade, não convém esquecer, dadas as implicações religiosas dos problemas ligados às drogas, alguns silêncios, faltas e insuficiências presentes na pastoral da Igreja.

O fenômeno da droga, considerado na pessoa, na família e na sociedade, tem necessidade urgente de "sabedoria" para recuperar a consciência do primado dos valores morais da pessoa como tal: "Voltar a compreender o sentido último da vida e de seus valores fundamentais", afirma o Santo Padre João Paulo II, "é a grande e importante responsabilidade que se impõe hoje para a renovação da sociedade... A educação da consciência moral que faz todo homem ser capaz de julgar e de discernir as maneiras adequadas para realizar-se segundo sua verdade original, se converte assim numa exigência prioritária e irrenunciável" (*Familiaris consortio*, 8). Com a ajuda desta sabedoria, a nova cultura emergente "não separará os homens de sua relação com Deus, mas os conduzirá a ela de maneira mais plena" (ibid., 8). Este é o autêntico "novo humanismo", que não pode deixar de ser "um autêntico humanismo familiar", ao qual pertence uma "nova mentalidade... essencialmente positiva, inspirada nos grandes valores da vida do homem" (*Ensinamentos* de João Paulo II, VII, 2, p. 348).

2. Tarefa específica da Igreja

Qual é a tarefa específica da Igreja diante do fenômeno da toxicodependência?

2.1. A Igreja e a evangelização

A Igreja, enviada como "sacramento universal da salvação" (*Lumen gentium*, 48; *Ad gentes*, 1), é o povo missionário de Deus. O compromisso missionário da Igreja, sua atividade evangelizadora, cai sobre todos os membros deste povo, cada um em proporção de suas possibilidades (*Ad gentes*, 23): "A todos os fiéis... é imposto a nobre honra de trabalhar com a finalidade de que a divina mensagem da salvação seja conhecida e aceita por todos os homens, sobre toda a terra" (*Apostolicam actuositatem*, 3).

A Igreja é "especialista em humanidade" (*Populorum progressio*, 13). No centro de suas preocupações está o homem, objeto do amor criador, redentor e santificador de Deus, Uno e Trino. Jesus Cristo, "*propter nos homines et propter nostram salutem*" (por nós homens e por nossa salvação), desceu do céu, se encarnou, morreu e ressuscitou.

A mensagem da Igreja se dirige a toda a sociedade e a todos os homens para mostrar a alta vocação de Deus ao homem. Faz parte, sem dúvida, desta mensagem o fato de que o homem redimido leva em si mesmo as feridas do pecado original e, portanto, a inclinação à dependência e à escravidão do pecado.

A Igreja anuncia que Deus salva o homem em Cristo, revelando-lhe sua vocação, inscrita na verdade sobre o homem e desvendada plenamente em Jesus Cristo (*Gaudium et spes*, 22). Nesta luz, todos tem direito a conhecer que a vida é um sim a Deus e à santidade, não simplesmente um não ao mal.

A pessoa é chamada a viver em (*ex sistere*) comunhão com Deus, consigo mesma, com o próximo, com o ambiente (*Gaudium et spes*, 13).

Viver tais relações, em especial aquela com os outros, torna evidente a plena e integral vocação da corporeidade masculina e feminina, que desvela o sentido profundo da vida humana, como vocação ao amor (*Familiaris consortio*, 11). Porém, o pecado influi nessas relações. Para viver os valores humanos e cristãos de modo autêntico, além da indispensável ajuda da graça divina, são necessários: a liberdade do espírito contra o materialismo e o consumismo, a verdade sobre o bem e sobre o homem contra o utilitarismo e o subjetivismo ético, a grandeza do amor, que busca sempre o bem do outro por meio também da doação de si, contra a banalização da sexualidade e o hedonismo.

O amor misericordioso de Deus olha de modo especial para aqueles mais necessitados de sua ação compassiva e libertadora. O Senhor disse que são os enfermos os que têm necessidade de médico (Mt 9,12; Mc 2,17; Lc 5,31).

Ao toxicodependente se dirigem a solicitude e as atividades de muitas pessoas e instituições. Também diversas ciências e disciplinas se ocupam de seus problemas. Sob este aspecto, então, a Igreja se põe a serviço daqueles que se encontram sob o jugo dessa nova forma de escravidão?

Em sua atitude decididamente pastoral, empregando os instrumentos oferecidos pelas ciências, a Igreja se acerca do toxicodependente com sua radiante concepção da verdade sobre Cristo, sobre si mesma e sobre o homem (Discurso de João Paulo II na III Conferência Geral do Episcopado Latino-americano, em Puebla de los Angeles, 28 janeiro de 1979. *Osservatore Romano*, ano CXIX, 29-30 de janeiro, nº 23).

Ela propõe uma resposta específica enquanto possuidora dos valores humano-cristãos, que servem a todos, e são disponíveis para todos como métodos abertos a todos: crentes e não-crentes, toxicodependentes ou pessoas em risco de sê-lo, jovens ou anciãos, sujeitos provenientes de famílias "sãs" ou sem família. Se trata de valores da pessoa como tal. A proposta da Igreja é um projeto evangélico sobre o homem. Anuncia a todos que vivem o drama da toxicodependência e sofrem uma existência miserável o amor de Deus que não quer a morte, mas a conversão e a vida (Ez 18,23). Aqui se trata da vida plena, da vida eterna, proclamada em meio a situações que a põem em perigo ou a ameaçam.

Ao toxicodependente, carente fundamentalmente de amor, tem de fazer conhecer e experimentar o amor de Jesus Cristo. Em meio a uma decisão atormentada, no vazio profundo da própria existência, o caminho até a esperança passa pelo renascer de um ideal autêntico de vida. Tudo isso se manifesta plenamente no mistério da revelação do Senhor Jesus. Quem usa substâncias entorpecentes deve saber que, com a graça de Deus, é capaz de abrir-se a quem é "o caminho, a verdade e a vida" (Jo 14,6).

Pode assim começar um caminho de libertação descobrindo que é a imagem de Deus na realidade de Filho, que deve crescer na semelhança da imagem por excelência que é Cristo mesmo (Cl 1,15).

A Igreja, com sua contribuição específica, intervém no problema da toxicodependência seja para prevenir o mal, seja para ajudar os toxicodependentes em sua recuperação e reinserção social.

Assim, somos testemunhas de que o prisioneiro das drogas, com a ajuda da Igreja, pode iniciar um novo caminho e assumir uma atitude que lhe abra uma permanente e maior plenitude de vida nova.

2.2. A Igreja diante da toxicodependência

A resposta da Igreja ao fenômeno da toxicodependência é uma mensagem de esperança e um serviço que, muito além dos sintomas, vai ao centro mesmo do homem; não se limita a eliminar o mal, mas propõe rumos de vida. Sem ignorar nem desprestigiar as outras soluções, ela se situa num nível superior e global de intervenção que leva em conta sua precisa visão do homem e em conseqüência indica novas propostas de vida e de valores. Sua tarefa é evangélica: anunciar a Boa Nova. Não assume uma espécie de função substitutiva a respeito de outras instituições e instâncias humanas. Seu serviço está, com efeito, na mesma "escola evangélica" feita por meio de formas concretas de acolhida que são a tradução prática de sua proposta de vida.

É precisamente na mesma atividade evangelizadora da Igreja que se coloca sua intervenção sobre o problema da toxicodependência. Tal atividade, seja aquela dirigida "*ad intra*" ou "*ad extra*", leva a "servir o homem revelando-lhe o amor de Deus, que se manifestou em Jesus Cristo (*Redemptoris missio*, 2). Este anúncio "visa à conversão cristã, quer dizer, a adesão plena e sincera a Cristo e a seu Evangelho mediante a fé" (ibid., 46). "Convertei-vos e crede no Evangelho" (Mc 1,15). Trata-se de uma conversão que "significa aceitar, com decisão pessoal, a soberania de Cristo e chegar a ser seus discípulos" (*Re-*

demptoris missio, 46). Só nele toda pessoa pode encontrar o verdadeiro tesouro, a verdadeira e definitiva razão de toda sua existência. Adquirem um maravilhoso significado a respeito dos toxicodependentes as palavras de Cristo: "Vinde a mim todos vós que estais cansados e oprimidos que eu vos aliviarei" (Mt 11,28).

O Evangelho une a proclamação da Boa Nova às boas obras, como, por exemplo, a cura de "toda enfermidade e de toda doença" (Mt 4,23). A Igreja é "força dinâmica", "sinal e animadora dos valores evangélicos entre os homens" (*Redemptoris missio*, 20). Portanto, a Igreja, "tendo sempre firme a prioridade das realidades transcendentes e espirituais, premissas da salvação escatológica", oferece seu testemunho evangelizador com suas atividades: diálogo, promoção humana, compromisso de justiça e paz, educação e atenção aos doentes, assistência aos pobres e aos pequenos (ibid.). Sem dúvida, deve ficar muito claro que a proclamação da Boa Nova do amor de Deus não cerceia a liberdade humana: detém-se ante o sacrário da cons-ciência; propõe, porém não impõe nada (ibid.).

O Santo Padre recorda que o testemunho evangelizador da Igreja consiste em proclamar a Boa Nova, como quem reconhece em Jesus Cristo a meta do próprio destino e a razão de toda a sua esperança (João Paulo II, *Homilia na Praça Sordelo em Mantova*, 23 de junho de 1991).

Referindo-se ao toxicodependente, o Sumo Pontífice afirma que é necessário "levá-lo ao descobrimento ou ao redescobrimento da própria dignidade do homem; ajudá-lo a fazer ressurgir e crescer, como um sujeito ativo, aqueles recursos pessoais que a droga havia sepultado, mediante uma confiante reativação dos mecanismos da vontade, orientada para seguros e nobres ideais" (*Ensinamentos* de João Paulo II, VII, 2, p. 347). Seguindo esta linha da formação do caráter do toxicômano, o Santo Padre continua: "Tem sido concretamente provada a possibilidade de recuperação e de redenção da pesada escravidão... com métodos que excluem rigorosamente qualquer concessão à droga, legal ou ilegal, com caráter substitutivo" (ibid.). Logo conclui: "A droga não se vence com a droga" (ibid., p. 349).

Porém, quais são os "seguros e nobres ideais" necessários para o crescimento do toxicodependente como sujeito ativo? São aqueles que respondem à necessidade extrema do homem de "saber se tem um porquê que justifique sua existência terrena" (ibid., p. 350). Por esse motivo, "é necessária a luz da Transcendência e da Revelação cristã. O ensinamento da Igreja, baseada na palavra indefectível de Cristo, dá uma resposta iluminadora e segura aos questionadores sobre o sentido da vida, ensinando a construí-la sobre a rocha da certeza doutrinal e sobre a força moral que provém da oração e dos sacramentos. A serena convicção da imortalidade da alma, da futura ressurreição dos corpos e da responsabilidade eterna pelos próprios atos é o método mais seguro para prevenir o mal terrível da droga, para curar e reabilitar suas pobres vítimas, para fortalecê-las na perseverança e na firmeza sobre os caminhos do bem" (ibid.).

Hoje, com a grande difusão da droga, a Igreja se encontra diante de um novo desafio: deve evangelizar essa situação concreta. Por isso indica: 1. o anúncio do amor paterno de Deus para salvar o homem, um amor que supera todo sentido de culpa; 2. a denúncia dos males pessoais e dos males sociais, que causam ou favorecem o fenômeno da droga; 3. o testemunho daqueles que crêem que se dedicam à atenção para com os toxicodependentes segundo o exemplo de Jesus Cristo, que não veio para ser servido, mas para servir e dar a vida (Mt 20,28; Fl 2,7). Esta tríplice atividade comporta:

- uma tarefa de anúncio e profecia que apresenta a visão evangélica original do homem;
- uma tarefa de serviço humilde à imagem do Bom Pastor que dá a vida por suas ovelhas.
- uma tarefa de formação moral para as pessoas, as famílias e as comunidades humanas, por meio dos princípios naturais e sobrenaturais para chegar ao homem pleno e total.

3. Presença evangelizadora da Igreja

Após examinar qual é a missão específica da Igreja diante do fenômeno da droga, desejamos considerar os sujeitos chamados a intervir na atenção pastoral da Igreja no combate ao mal da toxicodependência e ajudar as vítimas.

3.1. Presença na família

A Igreja sente o dever de reservar uma atenção privilegiada à família, núcleo de toda estrutura social, e deve "anunciar com alegria e convicção a Boa Nova sobre a família" (*Familiaris consortio*, 86) para promover uma autêntica cultura da vida. Ainda que a família seja assediada por tantos perigos hoje em uma sociedade secularizada, deve-se ter confiança nela. "A família – afirma João Paulo II – possui e comunica, todavia, hoje energias formidáveis capazes de tirar o homem do anonimato, de mantê-lo consciente de sua dignidade pessoal, de enriquecê-lo com profunda humanidade e de inseri-lo ativamente com sua unicidade e irrepetibilidade no tecido da sociedade" (*Familiaris consortio*, 43).

Mais ainda, segundo o Santo Padre, a Igreja deve ter uma particular solicitude pastoral "com os indivíduos cujas existências estão marcadas por tragédias pessoais e devastadoras e com as sociedades que se encontram ante o dever de dominar um fenômeno sempre mais perigoso", como é a toxicodependência (*Ensinamentos* de João Paulo II, VII, 1, 1984, p. 115).

A família é um núcleo vital e imprescindível da existência humana em si, dado que o homem é por sua vez sujeito pessoal e comunitário (reflexo do Deus Uno e Trino). Agora, se a Igreja quer fazer frente de modo eficaz ao fenômeno da droga, deve centralizar na família sua prioridade pastoral: "O futuro da humanidade se encontra na família!" (*Familiaris consortio*, 86). A família é "a primeira estrutura fundamental em favor da ecologia humana"... e "santuário da vida" (*Centesimus annus*, 39), célula crucial da sociedade, porque nela se refletem no bem e no mal os diversos aspectos da vida e da cultura.

Não obstante o desinteresse, os prejuízos e até a hostilidade que hoje ameaçam a instituição familiar, a experiência daqueles que trabalham com especial competência no mundo da toxicodependência (psiquiatras, psicólogos, sociólogos, médicos, assistentes sociais etc.), confirma de modo unânime que o modelo cristão da família permanece como o ponto de referência prioritário sobre o qual insistir em toda ação de prevenção, recuperação e inserção da vitalidade do indivíduo na sociedade.

Este modelo se baseia no amor autêntico, único, fiel, indissolúvel dos cônjuges. É necessário voltar à concepção cristã do matrimônio como comunidade de vida e de amor, porque de outra maneira se cai em modelos de egoísmo e individualismo. Isso exige uma educação na doação recíproca e na generosidade com uma constante educação espiritual e religioso-moral.

Somos bem conscientes de que tal projeto divino se choca com a atual cultura narcisista, auto-suficiente e efêmera. É então indispensável uma estratégia de união, de solidariedade, de agregação entre as diversas famílias, numa obra de paciente e recíproca acolhida.

No esforço de prevenção e na luta contra a droga, a família deve fazer um chamado, diante das dificuldades da vida cotidiana, aos recursos interiores de todos os seus membros. Desde a primeira adolescência os filhos observam seus pais e a família como modelos de vida. Logo tendem a separar-se e quase a opor-se a eles, para buscar uma própria e autônoma realização fora da família, seguindo modelos com freqüência em contraste com aqueles familiares. A família deve voltar a ser o lugar onde se pode ter a experiência da unidade que os reforça em sua peculiar personalidade. As famílias devem ser objeto de educação na solidariedade e no amor doação.

É necessário recuperar o sentido da vida de cada dia; portanto, a família deve reagir ante os grandes apelos publicitários que falseiam a prospectiva da vida.

A ação pastoral da Igreja, centralizada na prioridade da família, interessa a todos e não somente àqueles que trabalham em vários setores de "mal-estar social". A pastoral familiar constitui a melhor prevenção porque se interessa pela educação, informa a catequese, orienta os cursos de preparação ao matrimônio, dá vida a institutos de formação familiar, suscita grupos de reflexão e de oração, promove formas concretas de empenho como o voluntariado, implicando todos os componentes da comunidade cristã.

A família "Igreja Doméstica" (*Lumen gentium*, 11) é capaz de afrontar tudo à luz da palavra de Deus interpretada pelo Magistério, e se Deus ocupa realmente o primeiro lugar, chega a ser o lugar do crescimento e da esperança, pois nela cada dia se reconstrói a vida cristã com amor, fé, paciência e oração. O Magistério afirma que "a família, como a Igreja, deve ser um espaço no qual o Evangelho é transmitido e de onde o Evangelho se irradia" (*Evangelii nuntiandi*, 71).

A família cria "um ambiente de vida no qual a criança pode nascer e desenvolver suas potencialidades, tornar-se consciente de sua dignidade e preparar-se para enfrentar seu destino único e irrepetível" (*Centesimus annus*, 39). Nela os adultos descobrem seu papel educativo para a formação do caráter dos filhos, e a criança se apresenta à vida e aprende a amar. O homem recebe "as primeiras noções sobre a verdade e o bem; aprende o que quer dizer amar e ser amado e, por conseguinte, o que quer dizer concretamente ser uma pessoa" (ibid.). Os adultos são educados para respeitar os filhos como pessoas únicas e irrepetíveis, com seus dons e uma vocação própria. Devem formá-los na auto-estima, no descobrimento de suas próprias capacidades para discernir os valores morais. A família deve continuamente sensibilizá-los de modo formativo sobre o fenômeno da droga e os perigos do desvirtuamento. Recorde-se sem dúvida de que "educar" não é somente "informar": a pura informação poderia despertar o desejo de provar, a curiosidade e a imitação. No processo formativo é importante ter presente as diversas etapas do desenvolvimento da personalidade do indivíduo que se tem de educar. Se a família, posteriormente, descobre que está diretamente envolvida no drama da toxicodependência não deve absolutamente fechar-se, nem ter medo de falar de maneira clara do que está vivendo. Deve ter a coragem de pedir ajuda a quem está em condições de ajudar e pode validamente aconselhá-la. Fechando-se, com efeito, na própria culpa por causa de uma mal entendida vergonha, terminaria por fazer o jogo do toxicodependente.

Tudo isso não é fácil. Mas somente se cresce por meio da superação das dificuldades, num treinamento constante, feito também de derrotas. Nesse caso os pais vêem o sofrimento e os sacrifícios como sem valor, mas não é assim. O sofrimento e os sacrifícios ajudam a crescer e a amadurecer, reforçando a vontade e o caráter. Foi-nos ensinado que, pelo sofrimento, a humanidade foi redimida. Às vezes os pais devem saber tomar decisões dolorosas para ajudar o filho toxicodependente. Decisões que, sem dúvida, nunca estão desprovidas de afeto. E de afeto tem certamente necessidade também os pais. Como é eloqüente a observação de tantos pais quando manifestam que é necessário antes de tudo encher-se eles de afeto para poder então dá-lo a seus filhos tão necessitados de amor!

3.2. Presença na paróquia

O trabalho pastoral da paróquia coopera em edificar a Igreja, comunidade de salvação, e em curar o coração do homem. E a isto tende por meio de toda a sua atividade. Antes de tudo, no anúncio da Palavra de Deus, um anúncio forte e comprometido em todas as suas formas (catequese, homilia, ensino religioso na escola etc.) que favorece o crescimento da fé. A palavra proclamada, quando é acolhida, renova o homem e o converte em verdadeiro testemunho do Evangelho. No Evangelho se aprende a caridade de Cristo, reveladora da justiça e da misericórdia do Pai celeste, evitando assim julgar ao próprio irmão (Tg 4,11-12). Formam-se ainda consciências críticas a respeito dos falsos valores e dos ídolos propostos pela sociedade consumista e hedonista. Compreende-se melhor que os caminhos para uma qualidade de vida digna do homem não são aqueles que fazem da eficiência e do sucesso o primeiro e absoluto critério, mas aqueles que apresentam ao homem propostas exigentes e compromissos que exigem coragem, abrindo-lhes o horizonte da verdadeira liberdade, livres das abundantes dependências e prazeres que o fazem escravo. A palavra de Deus dá aos jovens valor, força, compreensão e esperança.

Na liturgia se faz presente o mistério salvífico de Cristo. Toda comunidade, ao celebrá-la festivamente, recebe os dons de seu Redentor, e descobre as indigências dos necessitados e dos pobres.

Ao receber na Eucaristia o Senhor, descobre a exigência de abrir-se aos irmãos. A Igreja ainda medita o exemplo de Cristo, que não veio buscar os sãos, mas os enfermos, e chamar não os justos, mas os pecadores à conversão (Mc 2,15.17). Isso implica, para as comunidades eclesiais, a disponibilidade para prestar uma atenção concreta às diversas formas de pobreza presentes em seu próprio âmbito. Tornar-se responsável por estas pobrezas em nome da solidariedade ativa é a primeira maneira de prevenir essas desgraças e dar sentido à vida.

A pastoral da prevenção é para a paróquia uma prioridade, pois é comunidade educadora. Os adultos deveriam sentir-se na comunidade educadores e co-responsáveis da formação de cada filho, de cada jovem. Neste sentido deve-se revalorizar a correção fraterna como recíproco estímulo ao bem e ao melhor. Na base de tudo está o amor aberto a todo homem, especialmente aos mais pobres. Esse amor se manifesta na solidariedade.

Quanto aos jovens, é necessária uma pastoral exigente:
- no plano espiritual do crescimento na santidade;
- no ensinamento para o serviço gratuito e generoso;
- nas atividades de formação juvenil e em geral de "educação para a vida sadia", sob o aspecto desportivo, sanitário, cultural e espiritual.

A presença de toxicodependentes chama toda a paróquia ao empenho que ultrapassa a simples ajuda econômica ou a fácil delegação às estruturas especializadas. Na comunidade cristã, deveriam as famílias ou os grupos de famílias tornar-se disponíveis para acolher ou assistir um toxicodependente na fase de reinserção social ou de trabalho. Assim, pois, deveriam surgir, como já se está dando início, comunidades educativas de voluntariado abertas ao território (paróquia, bairro, município). Toma corpo de tal maneira um serviço evangélico e se oferece uma mensagem de esperança, concretizado por meio de precisos gestos de acolhida e de amor.

3.3. Presença nas comunidades para a atenção aos toxicodependentes

Na Igreja existem múltiplas iniciativas para a prevenção, a acolhida e a recuperação dos toxicodependentes e sua reinserção social. Apesar de sua fonte de inspiração ser única, diversas são as capacidades criativas daqueles que a concretizam. Porém, se a fonte é o Evangelho e seu serviço é uma mensagem de amor e de esperança, todas essas iniciativas só podem ser comunhão, tendo como ponto de referência a regeneração da pessoa e da família e a chamada do homem para viver em relação.

A comunidade para a atenção aos toxicodependentes não é apenas uma estrutura, mas um estilo de vida que deve encarnar-se em todas as partes: em casa, na rua, na escola, no trabalho, na diversão. O elemento indispensável, e ponto de apoio do empenho eclesial neste campo, é a recuperação do homem mediante uma ação inspirada por uma proposta evangélica que se torna possível por meio de várias formas de acolhida em que se faz concreta a mensagem de amor e de salvação da Igreja.

Estamos conscientes, desde agora, de como, em tantas comunidades, pessoas que têm superado a toxicodependência se convertem em apoios válidos e testemunhos acreditados para os outros; são como maestros de prevenção com o exemplo de esperança e de recuperação positiva. Os ex-toxicodependentes chegam a ser especialistas em enfrentar o problema da droga, visto que já viveram em sua própria pele o sofrimento; sabem aceitar a proposta evangélica e, por conseguinte, são os mais adequados para transmitir o quanto receberam a quem está na situação em que eles mesmos se encontravam.

Outras características específicas das comunidades para a recuperação dos toxicodependentes se confiam à criatividade e aos diversos carismas e concepções de quantos participam dela. No aspecto das diversas formas de iniciativa, a Igreja, por meio de tais estruturas, oferece um serviço eficaz aos toxicodependentes permanecendo sempre fiel à própria missão; e exige uma proposta de clara coerência daqueles que pretendem segui-la. Ante essas múltiplas obras e iniciativas, a Igreja tem também a tarefa do discernimento. A adesão ao Evangelho e ao Magistério da Igreja constitui o parâmetro para definir a identidade cristã de cada comunidade, que tal pretende ser.

Em um texto desta natureza, não podemos adentrar em valorar a variedade dos métodos utilizados na atenção às vítimas da toxicodependência. Estas dependem também do contexto cultural das nações, do estado particular das famílias e dos próprios toxico-dependentes. Podem existir destaques, de acordo com o grau de secularização, de presença de valores cristãos na comunidades e na pessoa, vítima dessa escravidão.

A Igreja, respeitando a autonomia das ciências, e sua própria metodologia, se interessa mais pelo esforço da evangelização, sobretudo quando o trabalho se desenvolve nas instituições que pertencem ou que são postas sob a inspiração e a direção de agentes pastorais da Igreja. A verdade sobre o homem e sobre Cristo deve estar no centro de uma recuperação integral. É necessário ler com atenção a afirmação do Santo Padre, João Paulo II: "Os homens tem necessidade da verdade; tem a necessidade absoluta de saber por que vivem, morrem, sofrem! Pois bem, vós sabeis que a verdade é Jesus Cristo! Ele mesmo o afirmou categoricamente: "Eu sou a verdade" (Jo 14,6). "Eu sou a luz do mundo: quem me segue, não anda nas trevas" (Jo 8,12). Amai, pois, a verdade! Levai a verdade ao mundo! Testemunhai a verdade que é Jesus, com toda a doutrina revelada por ele mesmo e ensinada pela Igreja divinamente assistida e inspirada. É a verdade que salva nossos jovens: a verdade toda inteira, iluminadora e exigente como é! Não tenhais medo da verdade e defendei somente e sempre Jesus Cristo ante tantos maestros do absurdo e do receio que podem talvez fascinar, porém que logo levam fatalmente à destruição" (Homilia de João Paulo II no Centro Italiano de Solidariedade, 9 de agosto de 1980, no *Osservatore Romano*, ano CXX, nº 185/10-VIII-80).

3.4. Presença na cultura

Existe uma interdependência entre o aperfeiçoamento da pessoa humana e o desenvolvimento da mesma sociedade (*Gaudium et spes*, 25). Desde o momento em que o homem e a sociedade tendem, no interior da ordem temporal, ao bem comum, por meio da cultura, de maneira especial, o desenvolvimento e a transmissão desta se encontram entre os principais campos de serviço à humanidade em que a Igreja deve estar presente.

A cultura contribui ao desenvolvimento e à perfeição das capacidades do homem, tanto mentais como físicas. Por meio da cultura o homem promove o bem comum da sociedade criando as condições sociais que satisfazem com facilidade suas necessidades e seus legítimos anseios. Tais condições sociais, se querem corresponder à verdadeira vocação do homem, devem basear-se na eminente dignidade da pessoa humana que pode ser completamente compreendida somente à luz da transcendência da revelação cristã.

Por isso a Igreja deve "evangelizar – não de maneira decorativa, à semelhança de um verniz superficial, e sim de modo vital, em profundidade e até as raízes – a cultura e as culturas do homem..., partindo sempre da pessoa e regressando às relações das pessoas entre si e com Deus" (*Evangelii nuntiandi*, 20). Mediante essa evangelização, a Igreja busca a conversão, quer dizer, a transformação das consciências, quer individuais quer coletivas. Ao fazer isso, a Igreja não destrói, mas transforma interiormente a cultura, regenerando "os critérios de juízo, os valores determinantes, os pontos de interesse, as linhas de pensamento, as fontes inspiradoras e os modelos de vida da humanidade, que estão em contraste com a Palavra de Deus e com o desejo de salvação (*Evangelii nuntiandi*, 19).

Por outra parte, a toxicodependência é o resultado de uma cultura que, vazia de muitos valores humanos, compromete a promoção do bem comum e, portanto, a autêntica promoção da pessoa. Daí o empenho que pede o Santo Padre aos leigos em promover no âmbito do bem comum que protege a solidez de tantas pessoas de bem. É portanto missão da Igreja reevangelizar essa cultura e animar essa ordem temporal que a torna possível. Isso é sobretudo tarefa dos fiéis leigos em sua participação na ordem social em seus diversos aspectos (*Christifideles laici*, 42).

É necessária a presença evangelizadora da Igreja nos postos privilegiados da cultura, como as instituições educativas (escola, universidade etc.), para uma eficaz ação de prevenção. Tais centros são também lugares fundamentais para a formação do caráter donde os educadores são chamados a detectar a tempo aqueles que podem ser vítimas da droga. A escola deve trabalhar sempre em estreita colaboração com os pais, enquanto participa, de modo subsidiário, na formação dos jovens.

Dada a importância dos meios de comunicação social, seja para a formação, seja para a transmissão da cultura, a Igreja não pode faltar neste campo. A Igreja evangelizadora deve fazer uma obra de prevenção promovendo, através deles, um "novo humanismo" (*Familiaris consortio*, 7).

Conclusão

Estas páginas, fruto do encontro de pessoas com muitos anos de experiência, propõem algumas reflexões para o trabalho de prevenção da toxicodependência e a recuperação dos toxicodependentes. O objetivo final do presente estudo é que o homem, deixando de um lado as falazes dependências, reencontre a verdadeira liberdade na dependência filial do Pai celeste.

Ao concluir, nos dirigimos à Mãe de Deus, que viveu de modo harmonioso suas relações fundamentais de acordo com o desejo de Deus. Ajude, Maria, aqueles que são ameaçados pelo açoite da droga e aqueles que já chegaram a ser suas vítimas, guiando-os ao Pai no conhecimento e no amor de seu Filho, Jesus Cristo. O Senhor da vida faça passar tantas pessoas, escravas da droga, do desespero à esperança.

Alfonso Cardeal Lopez Trujillo
Presidente
Jean-François Arrighi
Vice-Presidente

A Igreja perante o problema das drogas

D. Raymundo Damasceno Assis
Secretário-Geral da CNBB
Conjuntura Social e Documentação Eclesial, n. 424

O problema das drogas assumiu, na atualidade, proporções mundiais. Até os recantos mais remotos de todos os países sofrem, de alguma forma, as conseqüências desse mal de nosso século. A América Latina e, nela, o Brasil, não estão isentos nem imunes a esse problema.

O cultivo, o processamento, o tráfico e o consumo das drogas pesam sobre todo o mundo e também sobre a América Latina e seu destino. Esse é um dos mecanismos mais graves de destruição da dignidade da pessoa humana, violência e desestabilização da ordem social.

Dados sobre as drogas e o narcotráfico

A planta da coca é cultivada em quase todos os países da América Latina. A população indígena andina (aymaras e quíchuas, na Bolívia, e incas, no Peru) consumia a folha de coca para fins medicinais, alimentícios e religiosos. Além do seu uso constituir parte da cultura ancestral andina, os aymaras e quíchuas tinham na folha de coca o símbolo de sua identidade étnica. A coca era cultivada há mais de 500 anos antes de Cristo. Usada como oferta ritual e medicinal, a coca era para estes povos artigo de comércio interno, além de significar "comunhão", quando mastigada nas celebrações de casamentos, nascimentos, velórios, exéquias etc., sendo, ainda, uma de suas propriedades, a de diminuir a fome e conservar a resistência biológica.

A partir de 1884, passou a ser usada em farmacologia como anestésico local e, desde 1960, começou a ser consumida como droga, passando a ser o produto mais rentável e de menor investimento na Bolívia.

Em 1985, a produção da coca duplicou, enquanto a da dormideira triplicou. A superfície mundial utilizada para o plantio da coca era, em 1996, de 220.000 ha, e 280.000 ha utilizados para o cultivo da dormideira. A produção ilícita de pasta de ópio chegou, em 1996, a 5.000 toneladas, e a produção da heroína, na década de 90, está sendo de mais ou menos 300 toneladas, anualmente.

Em termos de divisas, o narcotráfico internacional gera aproximadamente US$ 400.000 milhões, ou seja, 8% do comércio mundial.

Cultivo, processamento e comercialização da droga

Canadá, Estados Unidos e México

O cultivo ilícito da maconha – variedade de cânhamo (*cannabis sativa*) – continua nos três países. Seu cultivo aumenta nos Estados Unidos. A produção cresceu 25% nos Estados Unidos e 30% no Canadá. O México produz 5% da heroína consumida nos Estados Unidos. O restante vem da América do Sul, 32%, e da Ásia Sul Oriental, 57%.

América do Sul

O Peru, a Bolívia e a Colômbia são os maiores produtores de coca da América Latina, seguidos por Equador, Argentina, Brasil e Venezuela. As condições de clima e de solo, como também a altitude, favorecem o cultivo nesses países. Sua produção é rápida, demorando apenas um ano, e rende de quatro a seis colheitas anuais, produzindo durante seis anos seguidos. Só o Peru tem mais de 220.000 ha dedicados ao cultivo de coca. A pasta de coca produzida no Peru e na Bolívia é transportada por meio de contrabando à Colômbia para ser transformada, em sua fase final, em cloroidrato de cocaína.

O tráfico e o consumo é uma realidade em todos os países latino-americanos, dos quais o Brasil não está isento, servindo, muitas vezes, de porta de entrada e conexão com o comércio exterior. A grande extensão de fronteira seca faz do país local de fácil acesso e importante escala para o tráfico internacional. Além de se prestar a esse tipo de comércio, nosso país não deixa de ser um grande consumidor do produto nas mais variadas formas. Se antes eram os jovens das classes de maior poder aquisitivo o alvo das vendas, hoje se verifica que também as camadas de menor poder aquisitivo são procuradas pelos narcotraficantes e os adolescentes são, atualmente, seu principal alvo.

Como causas deste elevado consumo temos:

a) ausência de valores;
b) bem-estar material, busca de felicidade superficial e artificial;
c) necessidade de tranqüilizantes diante do peso dos problemas;
d) submissão à moda, que opta sempre por modelos vazios e precários;
e) desequilíbrios afetivos, incompreensões;
f) grupos sociais de pressão, rejeição e conflitos derivados dessas situações.

Refletindo sobre os fatos: crescimento do problema

A produção, a comercialização e o consumo das drogas, na atualidade, assumiu proporções incalculáveis em todo o mundo. A oferta e a demanda, que se completam mutuamente, consolidam o uso indevido das drogas e esse círculo vicioso continua gerando atividades ilícitas, corrupção, violência, terrorismo e morte.

Estudos realizados recentemente comprovam que no mundo existem cerca de quarenta milhões de usuários dependentes e que há uma superprodução de drogas suficiente para 140 milhões de pessoas.

Além disso, esses negócios têm sido fonte de empregos. Crianças, jovens e desempregados são usados para produção e o tráfico da droga. Segundo o Departamento Estadual de Investigação sobre

Narcóticos (Denarc), há atualmente na Grande São Paulo 1 milhão e seiscentas mil pessoas envolvidas com o tráfico, o que representa 10% da população. Em Belo Horizonte, os menores de rua que fazem parte dessa estratégia representam 92%.

Por outro lado, essa mesma atividade gera uma forma de cooperação internacional para a comercialização das drogas e, às vezes, parte do dinheiro obtido acaba sendo utilizado para beneficiar obras sociais, como forma de "lavagem" de dinheiro, ou para justificar tal atividade ilícita.

As políticas de controle tornam-se ineficazes, pois muitos governos foram beneficiados em suas campanhas políticas com dinheiro do narcotráfico, o que dificulta uma campanha mais decidida de combate às drogas.

Conseqüências mais evidentes

Após seis anos de cultivo da folha da coca, a terra deve descansar por um período de 7 a 11 anos, impedindo que outros produtos sejam cultivados naqueles campos. Isto vem a incidir negativamente na população, que se vê obrigada a estar sempre migrando para as regiões onde se efetua a colheita da coca, além da depredação ecológica provocada por esses cultivos.

A comercialização gera desequilíbrios da política econômica, já que as atividades ilícitas provocam a "lavagem" de dinheiro e o enriquecimento de alguns em detrimento de outros. Em geral, são os menos favorecidos os que se prestam a ser "mulas" para o transporte das drogas. Eles arriscam não só a liberdade, como também a própria vida, ingerindo grandes quantidades do produto já embalado para ser vendido. Se uma das cápsulas explodir no organismo, as conseqüências podem até ser fatais. Porém, como é uma forma fácil de ganhar muito dinheiro, os menos avisados arriscam tudo pelo ganho que lhes pode advir dessa operação.

Outro elemento preocupante é a perda do sentido ético – ruptura entre o ético e o legal –, acompanhado da perda da consciência da dignidade do trabalho, e o que é mais grave, da perda da dignidade da pessoa humana e do seu valor como pessoa e como filho de Deus.

Qual o papel da Igreja perante essa situação?

A Igreja não pode ignorar esta problemática e, se o fizer, estará sendo omissa diante de um dos clamores mais fortes e mais angustiantes da sociedade hodierna. Só lhe resta uma saída. Encarar a situa-ção e oferecer critérios e linhas de ação para orientar o povo de Deus e dar uma resposta, à luz da fé, a esse enorme desafio.

O narcotráfico prioriza o lucro e o poder conquistados por meio da destruição do ser humano. O pecado básico do narcotráfico é fazer do comércio da droga um ídolo pelo qual se sacrifica a vida, a honra e a dignidade.

A vida, que é dom de Deus, acaba sendo destruída pelas drogas que envenenam o corpo e a mente; ocasionam grave desordem moral e afastam a pessoa de sua vocação, portanto, de sua realização como ser humano.

A Igreja, por meio de seus ensinamentos, põe o homem como centro de sua missão, assim como de sua Doutrina Social. É por meio dessa perspectiva que pretende lutar contra as drogas, já que elas alertam para uma crise de valores. Seu uso era, inicialmente, voltado para a fuga da realidade, porém, hoje, é entendido como prazer.

O número de pessoas dependentes das drogas está aumentando em todo o mundo, inclusive o seu consumo começa a se verificar entre crianças e adolescentes. A principal causa de seu alto consumo nos países ricos é a perda do sentido da vida e, nos países em desenvolvimento, a miséria, o processo rápido de urbanização com as mudanças de costumes, o desenraizamento comunitário e cultural, como também a falta de estabilidade nas famílias – atingindo, hoje, 80% –, fatores que geram mal-estar psicológico, terreno propício para o consumo das drogas.

Vários documentos da Igreja mencionam o tema, lembrando, sobretudo, suas conseqüências: "Um exemplo flagrante de consumo artificial, contrário à saúde e à dignidade do homem, certamente difícil de ser controlado, é o da droga. Sua difusão é índice de uma grave disfunção do sistema social, e subentende igualmente uma 'leitura' materialista, em certo sentido, destrutiva das necessidades humanas. Deste modo, a capacidade de inovação da livre economia termina atuando de modo unilateral e inadequado. A droga, como também a pornografia e outras formas de consumismo, exploram a fragilidade dos débeis e tentam preencher o vazio espiritual que se criou"[1].

O Papa, em outra encíclica, pergunta: "Como não pensar na violência causada pela (...) sementeira de morte que se provoca com a criminosa difusão da droga...?"[2].

O *Catecismo da Igreja Católica* recorda que "a comunidade política tem o dever de honrar a família, de assisti-la, de lhe garantir sobretudo (...) a proteção e a saúde, sobretudo em relação aos perigos como as drogas, a pornografia, o alcoolismo etc." (2211), além de afirmar que "o uso da droga inflige gravíssimos danos à saúde e à vida humana. Salvo indicações estritamente terapêuticas, constitui falta grave. A produção clandestina e o tráfico de drogas são práticas gravemente contrárias à lei moral" (2291).

Os Bispos, reunidos em Santo Domingo, "reconhecem a origem dos males individuais e coletivos que assolam a América Latina: as guerras, o terrorismo, a droga, a miséria, as opressões e injustiças, a mentira institucionalizada (...)"[3] e propõem: "Quanto ao problema da droga, implementar ações de prevenção na sociedade e de atenção e cura dos toxicômanos; denunciar com coragem os males que o vício e o tráfico da droga produzem em nossos povos, e o gravíssimo pecado que significa a produção, a comercialização e o consumo. Chamar especialmente a atenção para a responsabilidade dos poderosos comerciantes e consumidores. Promover a solidariedade e a cooperação internacional no combate a este flagelo"[4].

Respostas pastorais

A Igreja, em todo o mundo, está procurando responder pastoralmente a este fenômeno em diferentes níveis. As Conferências Episcopais de alguns países mais afetados pelo problema pronunciaram-se, oficialmente, publicando mensagens pastorais, propondo cri-

---

1. *Centesimus Annus, 36.*
2. *Evangelium Vitae, 10.*
3. *Documento de Santo Domingo,* 9.
4. *Documento de Santo Domingo,* 241.

térios e linhas de ação para enfrentar este fenômeno. Dentre elas podemos destacar Bolívia, Colômbia, Estados Unidos, México, Peru e Paraguai.

No Brasil, existem as Comunidades Esperança, que trabalham na recuperação de drogados. Podemos citar a "Fazenda Esperança" de Frei Hans, em Guaratinguetá (SP), e a comunidade "Encontro", em Brasília (DF). Existem também iniciativas de paróquias e dioceses; de grupos pastorais que procuram estender a mão aos já imersos no mundo das drogas. Temos conhecimento de 160 casas espalhadas pelo Brasil que se dedicam à recuperação dos dependentes químicos.

O Setor Juventude da CNBB convocou e realizou, em Lins (SP), entre os dias 4 e 7 de junho de 1997, o primeiro Encontro de Instituições, Fraternidades e Associações que se dedicam a essa causa. Dele participaram 70 entidades. O resultado mais prático foi a elaboração de um subsídio com roteiros para reuniões de grupos de jovens, com a preocupação de prevenir os jovens contra as drogas.

Os participantes deste primeiro Encontro solicitaram que a CNBB articule a criação oficial da Pastoral dos Dependentes Químicos; que os Bispos apóiem a criação da referida pastoral em suas Dioceses; que a Igreja dedique uma de suas Campanhas da Fraternidade ao assunto; que se privilegie o setor da prevenção, difundindo o uso do referido subsídio; e que se crie uma comissão de Bispos para aprofundar a temática e propor soluções pastorais.

Um segundo Encontro foi realizado entre os dias 4 e 7 de junho de 1998, em Jaci, Diocese de Rio Preto (SP).

O Pontifício Conselho de Pastoral no campo da saúde

Este Pontifício Conselho criou, em 1997, a pedido do Santo Padre, um grupo informal de estudos para reunir as experiências de trabalhos nesse campo, nos cinco continentes. O mesmo grupo organizou e levou a cabo, entre os dias 9 e 11 de outubro, no Vaticano, um simpósio intitulado *Solidários pela Vida*, que reuniu 90 participantes de 45 países. O grupo de trabalho que realizou o Simpósio tinha como objetivo redigir, o mais rápido possível, uma espécie de manual pastoral para a assistência aos drogados.

O Simpósio seguiu estes passos:
a) reflexões antropológicas e teológicas sobre a harmonia da pessoa e a droga; sobre a droga e o valor do corpo; sobre a educação na promoção da vida e sobre a pessoa como valor;
b) as raízes biológicas da toxicomania, da toxicodependência e criminalidade; a luta contra a droga e as leis internacionais.

Foram muito significativas as palavras que o Papa João Paulo II dirigiu aos participantes do Simpósio, das quais destacamos alguns aspectos: após fazer profunda análise das raízes existenciais e psicológicas que alimentam a expansão da droga, fez um forte apelo às consciências, dizendo que "a luta contra o flagelo da droga é tarefa de todos, segundo suas próprias responsabilidades". Não é suficiente a repressão às drogas, pois o poder das multinacionais dificultam, cada vez mais, a capacidade de reação dos países. A legalização das drogas é apenas uma perigosa ilusão, porque não enfrenta o efeito devastador da dependência e deixa de lado o compromisso da prevenção. Além disso, a experiência tem mostrado, como no caso da Suíça, que a legalização não diminui o consumo, antes, o aumenta, o que fez com que o país voltasse atrás, proibindo novamente o seu uso.

Falando sobre as causas que levam os jovens a se drogar, o Papa apontou o mal-estar existencial, as dificuldades para encontrar o próprio lugar na sociedade, o medo do futuro e a fuga por um caminho ilusório e falso. A juventude é um período de questionamentos e de provas, de busca de sentido da existência e de opções que comprometem o futuro. A expansão do consumo das drogas nessa idade é o sinal mais evidente de que vivemos num mundo que está em dívida com a esperança, que precisa de propostas humanas e espirituais fortes.

O Papa dirigiu ainda uma palavra aos pais e educadores para que inculquem valores espirituais e morais, recomendando que dialoguem sempre com os filhos e tenham atitude carinhosa para ajudar os jovens em sua luta interior e no esforço para se libertar das drogas.

Como resultado do Simpósio, foram publicadas três mensagens: uma pelas Nações Unidas de Viena, Áustria, outra pela Organização Mundial de Saúde e a terceira pelo Observatório Europeu contra as drogas.

Em síntese, deve-se trabalhar pastoralmente em duas dimensões: a da prevenção, que inclui um trabalho educativo e orientador no sentido dos valores humanos e cristãos, como um alerta sobre as conseqüências das drogas, e o outro, no campo assistencial, no trabalho da atenção e recuperação dos drogados.

A resposta da Igreja ao fenômeno da toxicodependência é uma mensagem de esperança e um serviço que vai além do fato em si, pois chega ao núcleo central da pessoa humana. Não se limita a eliminar somente o mal, mas propõe também a redescoberta do verdadeiro sentido da vida. É um serviço proveniente da "escola evangélica" e realizado por meio de formas concretas de acolhida, que, na prática, traduzem uma proposta de vida e uma mensagem de amor.

Fundamentação Teológica para a Pastoral

1. O amor gratuito do Pai desperta em nós a solidariedade com o mundo e com a humanidade, fazendo dos excluídos os nossos preferidos.
2. O testemunho de Jesus, que veio para salvar quem está perdido, nos impulsiona na direção daqueles que se encontram em situação difícil.
3. A efusão do Divino Espírito Santo, que faz brotar em nós rios de água viva, nos dá força e graça para transformar ossos ressequidos em um exército em ordem de batalha e nos concede, a cada momento, o que mais nos convém.
4. Como membros da Igreja, serva da humanidade, sentimo-nos em comunhão com os mais necessitados de sua ajuda.
5. Motivados pela práxis de Jesus, que se fez Bom Pastor e Bom Samaritano, cremos firmemente que, no Reino de Deus, o maior é o que serve aos demais e lava os seus pés.
6. Enviados por Deus, que é "todo caridade", os agentes da Pastoral de Prevenção e Recuperação em Dependência Química são abertos e cordiais, prontos a dar o primeiro passo e a acolher sempre com bondade, respeito e paciência. Com o afeto de um pai, mãe, irmão(ã) e amigo(a) procuramos devolver a consciência da dignidade e co-responsabilidade entre os dependentes.
7. Tendo presente o mistério da encarnação, em nosso trabalho preventivo ou de recuperação, visamos sempre à integração fé–vida, levando em conta as complexas variantes do campo vital, ou seja, o mundo em que vivemos concretamente.
8. O primeiro e mais importante sinal de amor que nos acompanha em todo o processo de nossa pastoral é a acolhida in-

condicional, como primeiro passo para que os dependentes, tantas vezes rejeitados, possam redescobrir sua fundamental dignidade, o seu valor, como pessoa e como filhos de Deus.
9. O mistério da paixão, morte e ressurreição de Cristo, nos faz portadores das exigências do amor, que nos leva a dar a vida pelos irmãos e, com isso, nos torna agradáveis a Deus, vivenciando a Eucaristia, sacrifício da nova e eterna aliança.
10. Baseados nas atitudes de Jesus, procuramos valorizar aquilo em que os dependentes são mais capazes do que nós: a experiên-cia da própria vida. Procuramos dar a voz e a vez para que se expressem. Temos presente que todas as experiências humanas estão carregadas de dignidade, porque Deus trabalha em todas, ou para autenticar, ou para consolidar, ou para converter: em síntese, para salvar. O que mais dá glória a Deus é a via do ser vivente.
11. Tendo presente que Jesus é o caminho, procuramos proporcionar aos dependentes a descoberta do sentido da vida e a unificação das suas múltiplas experiências em torno de um novo projeto de vida alicerçado em valores.
12. Procuramos não dramatizar os fatos, tendo presente que Jesus veio para salvar os que estão perdidos. Acolhemos a vida como um dom, mas também como um problema e a realidade não é só bonita, mas também um desafio. À medida que os dependentes se abrem à comunhão com os outros, com a história, com a natureza, com Deus, vão experimentando a força da comunhão que salva.
13. A ressurreição de Jesus nos leva a propor aos dependentes novas formas de vida, testemunhadas pela comunidade terapêutica, solicitando sempre novas interrogações.
14. Considerando o mistério de Deus, propomos experiências religiosas, por meio de perguntas que tentam uma "salvação do absurdo da vida". Para tanto, cremos ser muito oportunas as experiências carregadas de alegria pela vida, de autenticidade, transparência, paz interior, harmonia no relacionamento, esperança, festa, música, ecologia, vida nova.
15. Da experiência religiosa passamos ao anúncio de Cristo, por meio de um encontro pessoal com o Cristo Vivo. Jesus

Fundamentação teológica para a Pastoral

Cristo não é apenas o mais profundo de nossa reflexão, ou experiência de vida, mas uma revelação. Será sempre necessário um anúncio explícito, entendido mais facilmente pelos simples e puros de coração.

16. Da práxis pedagógica da Igreja, embasada em valores teologais, destacamos:
    ← A capacidade de passar dos sinais vistos para a realidade significada, cultivando o aspecto sacramental das coisas e pessoas, principalmente de Jesus Cristo, que se tornou sinal e portador do amor do Pai: "Quem me vê vê também o Pai";
    ← Despertar o hábito de criar uma espécie de conflito interior entre o imediato da experiência e o seu sentido mais profundo: O que Deus quis me falar através dos acontecimentos de hoje?
    ← A necessidade de caminhar para as causas últimas, visão de conjunto, sem se fixar nas respostas encontradas como definitivas: quando sabemos de cor as respostas, a vida troca as perguntas;
    ← Cultivar a disponibilidade para a calma, o silêncio, a escuta e poder acolher, no rumor das emoções, os valores escondidos;
    ← A capacidade de lutar com um coração reconciliador;
    ← A recusa de unir a realização pessoal às coisas que possuímos, ou a uma salvação egoísta;
    ← Vencer o mal com o bem, sem revanches, violências, ressentimentos;
    ← Ter presente que, por melhor que seja alguém, jamais conseguirá ser tão bom e eficiente como todos nós unidos;
    ← A vida deve ser partilhada no seu todo, e não apenas nas sobras;
    ← É melhor prevenir do que remediar. O verdadeiro amigo chega antes, ama por primeiro;
    ← Nosso trabalho está direcionado para a dignidade das pessoas, e não apenas para suas necessidades imediatas. Conseqüentemente, não podemos apenas recuperar o de-

pendente do álcool ou das drogas, mas propor-lhe o caminho da perfeição e da felicidade.
17. Tendo presente que Jesus veio para que todos tenham vida e vida em abundância, cultivamos uma verdadeira paixão pela vida e fazemos nossa proposta de Teresa de Calcutá:
   ← A vida é uma oportunidade, agarre-a.
   ← A vida é uma beleza, admire-a.
   ← A vida é uma ventura, saboreie-a.
   ← A vida é um sonho, faça dele realidade.
   ← A vida é um desafio, enfrente-o.
   ← A vida é um dever, cumpra-o.
   ← A vida é um jogo, jogue-o.
   ← A vida é preciosa, cuide bem dela.
   ← A vida é uma riqueza, conserve-a.
   ← A vida é amor, desfrute-o.
   ← A vida é um mistério, penetre-o.
   ← A vida é promessa, cumpra-a.
   ← A vida é tristeza, supere-a.
   ← A vida é um hino, cante-o.
   ← A vida é um combate, aceite-o.
   ← A vida é uma tragédia, enfrente-a.
   ← A vida é uma ventura, ouse-a.
   ← A vida é felicidade, mereça-a.
   ← A vida é o maior dom, defenda-o.
18. Assimilando o testemunho do Bom Pastor, que não foge quando o lobo se aproxima, cultivamos a atitude de coragem e audácia, articulando todas as forças vivas no **combate contra a humanidade** neste final de século e início do novo milênio. Quem tem medo de morrer, morre de medo. Queremos dar a vida e não apenas morrer. Unidos à utopia da pastoral da juventude, esforçamo-nos para implantar a "civilização do amor", para que venha a nós o Reino de Deus.
19. Em tudo e sempre "esperamos contra toda esperança", porque o Deus da vida está conosco. Suas promessas não passam.
20. Unidos àquela pela qual veio ao mundo a vida nova, procuraremos em tudo cultivar suas virtudes e nos servir de sua intercessão. Amém.

COMUNICADO[1]

A Comissão Nacional da Pastoral de Prevenção e Recuperação em Dependência Química esteve reunida em sua sede nacional, em Campinas (SP), entre os dias 4 e 6 de setembro de 1998.

Foi a primeira reunião ordinária da Comissão eleita em Jaci (SP), durante o Segundo Encontro Nacional de Entidades que Trabalham com Dependência Química, aprovada pela CNBB.

Entre os assuntos tratados, iniciamos a elaboração dos Estatutos da Pastoral, definimos suas bases teológicas e programamos o Terceiro Encontro Nacional, na Fazenda Esperança, em Guaratinguetá (SP), entre os dias 10 e 13 de junho de 1999.

A Pastoral de Prevenção e Recuperação em Dependência Química atuará em três frentes de trabalho simultaneamente:

Prevenção – A prevenção será dirigida ao público que nunca experimentou drogas e àqueles que já as experimentaram sem, entretanto, terem se habituado ao uso.

Para essa frente de trabalho, as principais atuações são:

a) Incentivo à criação de grupos – ligados à Pastoral de Prevenção e Recuperação em Dependência Química, às demais Pastorais ou aos Movimentos da Igreja, ou a grupos sociais preocupados com esta realidade.

b) Incentivo à inclusão da prevenção ao uso de drogas nos currículos escolares, na catequese e nos diversos Movimentos ligados especialmente à adolescência e juventude.

c) Incentivo à criação e publicação de material apropriado para ser usado pelos grupos interessados, tais como dinâmicas, textos para debate ou meditação, roteiros de reuniões etc.

---

1. Distribuído após a primeira reunião da Comissão Nacional da Pastoral de Prevenção e Recuperação em Dependência Química (Campinas, 4 a 6 de setembro de 1998).

Intervenção – A intervenção atuará entre o público que já usou drogas, que a usa com alguma freqüência, mas ainda não se tornou dependente químico.

Para este trabalho, a Pastoral incentivará a abertura de novos grupos de auto-ajuda, especialmente nas paróquias, capelas e estabelecimentos de ensino. A Igreja cederá espaço físico para as reuniões e incentivará a participação.

Consideramos grupos de auto-ajuda, entre outros, os seguintes:
a) AA – Alcoólicos Anônimos;
b) NA – Narcóticos Anônimos;
c) NATA – Núcleo de Apoio aos Toxicômanos e Alcoólatras;
d) NAFTA – Núcleo de Apoio à Família dos Toxicômanos e Alcoólatras;
e) Amor-Exigente;
f) Toxicômanos Anônimos.

Recuperação – A recuperação refere-se ao atendimento aos usuários de droga, em que já se instalou a dependência química – física ou psicológica.

Isto se fará pelo incentivo à instalação e ao aperfeiçoamento de comunidades terapêuticas.

Ao internamento em comunidades terapêuticas, associar-se-ão as atividades de grupos de auto-ajuda para o tratamento das famílias e para a reinserção do recuperando na sociedade.

A Comissão Nacional decidiu, ainda, iniciar um movimento de conscientização para que a Campanha da Fraternidade de 2001 seja **por um século sem drogas**. Para tanto, serão incentivadas as paróquias a se manifestarem, solicitando aos Reverendos Bispos que apóiem a referida campanha. Paralelamente se fará um abaixo-assinado em que a população possa se manifestar, solicitando a campanha.

CARTA DA PASTORAL DA SOBRIEDADE

Primeira Assembléia Nacional –
Guaratinguetá, 10-13 de junho de 1999

Convocados por Deus na voz da Igreja do Brasil, viemos dos vários cantos da Terra de Santa Cruz, duzentas e cinqüenta pessoas, representando dioceses e instituições que trabalham na prevenção e recuperação em dependência química, carregando o sofrimento de tantos irmãos e irmãs (crianças, adolescentes, jovens e adultos) dependentes químicos e nos reunimos na Fazenda da Esperança em Guaratinguetá, nos dias 10 a 13 de junho para a Primeira Assembléia Nacional da Pastoral da Sobriedade e o Terceiro Encontro das Comunidades Terapêuticas e Instituições Afins.

Conduziu-nos o lema *"2001 por um século sem drogas"*. Num clima de profunda comunhão, de festa e de esperança, ouvimos o grito de Jesus que sofre no holocausto sempre maior dos dependentes químicos e clama por vida e ressurreição e decidimos, como Jesus de Nazaré, entrar nessa imensa dor de tantos irmãos excluídos e crucificados para transformá-la em vida. Colocamos em comum as nossas "sacolas" e partilhamos as nossas experiências, nos alegrando com aquilo que o Espírito já suscitou em várias partes do Brasil ao redor de "pessoas carismáticas". Fizemos memória da caminhada da *Pastoral da Prevenção e Recuperação em Dependência Química,* agora chamada *Pastoral da Sobriedade,* que deu seus primeiros passos em 1997 e foi criada na 36ª Assembléia Geral da CNBB, em abril de 1998 e está começando a engatinhar, como criança que quer aprender a andar.

Tivemos como referência fundamental a *experiência daqueles que chamamos "Patriarcas Carismáticos",* Pe. Haroldo J. Rahm, SJ, com as Fazendas do Senhor Jesus, Frei Hans Stapel, OFM, com as Fazendas da Esperança, Ir. Bernardo da Esperança, SE, Fradão, com as Comunidades Casa Esperança e Vida, Frei Francisco, com as Fazendas São

Francisco. Orientados por essas belíssimas experiências e pela palavra de Dom Irineu Danelon, incentivador dessa Pastoral, tomamos consciência de que *a Pastoral da Sobriedade deve ser a expressão do Amor gratuito do Pai que desperta em nós a solidariedade com o mundo e com a humanidade, fazendo dos excluídos os nossos preferidos.*

Descobrimos alguns elementos que devem caracterizar nossa Pastoral:

- A **Pastoral da Sobriedade é Pastoral**, isto é, continuação da presença e da ação misericordiosa, amorosa, acolhedora e libertadora de Jesus, o Bom Pastor e Bom Samaritano, que acolhe sem reserva, salva, regenera, ressuscita e chama Lázaro a sair do túmulo e a experimentar o novo.
- **É uma ação da Igreja**, vivida em comunhão com a Igreja e com o Amor recíproco entre nós, para permitir a Jesus Ressuscitado viver no meio de nós e fazer os dependentes passarem da morte para a vida.
- **É fundamentada na vivência do Evangelho**, que não apenas liberta das drogas, mas faz entrar na dinâmica da vida de Amor de Deus e faz os homens novos que encontram a plenitude e alegria de viver na doação de si.
- **Não é apenas libertação das drogas, mas é proposta de vida nova**, reconstrução da dignidade e do valor dos dependentes, imagem e semelhança de Deus que, transformados pelo Evangelho e pelo encontro com Jesus Vivo, assumem um novo projeto de vida, entram na dinâmica trinitária da doação e comunhão e descobrem um novo sentido de vida.
- **A recuperação e a libertação é ação de Deus e não apenas esforço humano**, mas valoriza e se serve de todos os recursos médicos e psicológicos oferecidos pelas ciências humanas.
- **A Pastoral da Sobriedade é Pastoral Ecumênica** que conclama a todas as Igrejas e pessoas de boa vontade a colaborar e lutar por uma vida plena.

Começamos com humildade a dar os primeiros passos e a delinear o *rosto do agente da Pastoral da Sobriedade* que deve ser vocacionado para iniciar essa Pastoral em nossas paróquias e dioceses.

O Agente da Pastoral da Sobriedade deve descobrir, suscitar, convocar *pessoas vocacionadas para essa missão*, procurar a comunhão com a Igreja local e as diretrizes da CNBB, contatar, conhecer e acolher as experiências e iniciativas já existentes no território. A Pastoral pode *atuar nas paróquias e Dioceses em quatro frentes de trabalho*, segundo as possibilidades de cada lugar:

a) no **campo da prevenção**, para o público que nunca experimentou drogas e para quem já experimentou, mas não é usuário, criando grupos ligados à Pastoral da Dependência Química, às demais pastorais e movimentos eclesiais ou grupos preocupados com esta realidade, atuando nas escolas, na catequese, e criando e publicando material apropriado;

b) no **campo da intervenção**, para o público que já se iniciou no uso de drogas, mas ainda não se tornou dependente com necessidade de internação, incentivando a abertura de novos grupos de auto-ajuda nas comunidades, paróquias e escolas como AA, NA, NATA, NAFTA, AMOR-EXIGENTE, TOXICÔMANOS ANÔNIMOS;

c) no **campo de recuperação** para os usuários de drogas, já dependentes, com comunidades terapêuticas que trabalharão em conjunto com grupos de auto-ajuda.

d) No **campo da reinserção**, visando à colaboração da família, da comunidade eclesial e da sociedade civil para o pleno retorno.

A Pastoral, em nível nacional, produzirá material de divulgação e conscientização, mas cada grupo poderá ser criativo e inventar segundo as realidades e possibilidades locais. Estamos contentes de ter nascido no seio de Setor de Juventude e Educação da CNBB, mas temos consciência de nossas especificidades e originalidade.

Fazemos votos de que a Campanha da Fraternidade de 2001 assuma o tema da dependência química, sob o lema *"2001 por um século sem drogas"*, para que a Pastoral da Sobriedade seja assumida por toda a Igreja do Brasil e a criança possa crescer, se tornar adulta e libertar o mundo drogado em várias formas.

Voltamos para as nossas dioceses e o nosso povo sofrido, animados pelo Espírito, fortalecidos pela comunhão criada entre nós, caminhando rumo ao Jubileu e decididos a colaborar na construção de um terceiro milênio de comunhão, solidariedade, sobriedade e vida sem escravidões.

Aos pés de Maria, Nossa Senhora Aparecida, Mãe de Jesus e de todos os excluídos, entregamos nosso esforço no final da Assembléia, pedindo que ela caminhe conosco e que nos abençoe. Repetimos o nosso sim como ela para que possamos fazer ressuscitar os crucificados desta terra e ajudá-los a tornar-se eles mesmos evangelizadores a partir de sua experiência de sofrimento e da paixão de Cristo.

Guaratinguetá, 13 de junho de 1999.

COMISSÃO NACIONAL:
Dom Irineu Danelon – Setor Juventude e Educação CNBB
Padre Haroldo Rahm – Assessor Nacional
Luiz Antônio Bortolin – Coordenador Nacional

EQUIPE NACIONAL:
Aparecida L. Branco Paiva
Cândido Antônio Martins
Carlos Arlindo Costa
Everaldo Ferreira Garcia
Nilo Momm
Ricardo Valente de Souza
Sérgio Surage

CONSELHEIROS ECLESIÁSTICOS:
Dom Dino Marchió
Frei Hans Stapel
Irmão Bernardo (Fradão)
Padre Nélio (Frei Francisco)
Padre Renato Chiera

Conclusão

Inspirados pelo Espírito Santo, imbuídos de um profundo espírito de solidariedade, consciência evangélica e dedicação humana, buscamos propostas concretas e objetivas para a estruturação da nova Pastoral da Igreja Católica.

Motivados pela preocupação e sensibilização de nossa Igreja com a triste realidade da dependência química, conhecendo os diversos trabalhos desenvolvidos no Brasil, procuramos construir e estruturar a nova Pastoral.

Cheios do Espírito do Criador e repletos de experiências partilhadas, estaremos unidos pelo espírito do Cristo em nossas comunidades para continuar evoluindo e construindo este grande projeto que das mãos de Deus recebemos.

CONCLUSÃO

Inspirados pelo Espírito Santo, embarcados num frágil mas esperançoso de sã realidade, e... revela-nos e do discurso humano, buscamos caminhos concretos e objetivos para a estruturação da nova Pascoal da Igreja Católica.

Activemos pela preparação e sensibilização de nossa Igreja para a grande mudança se desencadeante dinâmica, conhecendo de diversos trabalhos dos últimos anos no Brasil, procuramos construir e evidenciar a nova Pastoral.

...do Espírito do Criador e Inspirador de esperanças particulares, estaremos unidos pelo espírito do Cristo em nossas comunidades, que terão mais e colhido e construído e constituído este grande projeto que nas mãos de Deus recebemos.

Edições Loyola
Editoração, Impressão e Acabamento
Rua 1822, n. 347 • Ipiranga
04216-000 SÃO PAULO, SP
Tel.: (0**11) 6914-1922